Thierry Destrez

Demain, je PARLE en PUBLIC

Être à l'aise et réussir à l'oral

- Présentations
- Réunions
- Assemblées
- Débats

Préface de Per Kaufmann

4e édition

DU MÊME AUTEUR

Le coaching du manager
Ed. CAA Conseil & Formation, 2002 (caa@caa.tm.fr)

Tous en scène ! - La pédagogie par le théâtre
Ed. CAA Conseil & Formation, 2002 (caa@caa.tm.fr)

Pour contacter l'auteur
Thierry Destrez

Avant•Scène
Entraîneur de talents

Formation & Accompagnement
t.destrez@avantsceneconseil.com

ISBN 978-2-10-050704-7

À mes fils
Alexandre et Laurent
et à Jacques Robert,
architecte du sensible.

Table des matières

Préface

Demain, je parle en public offre un outil de travail très complet, car si le thème a suscité l'analyse de nombreux auteurs, cet ouvrage enrichit les aspects de la préparation par ceux de la maîtrise de soi : condition de la réussite de votre face-à-face avec le public !

Le livre de Thierry traite ce double aspect aussi bien d'un point de vue théorique que pratique, en s'appuyant sur son expérience de praticien de la communication et du développement personnel. C'est ainsi que vous y trouverez des fiches-conseils de bon sens et de soutien opérationnel pour aborder et maîtriser les diverses phases de l'exposé.

Ce livre nous parle. Il nous incite à la réflexion parce qu'il va en profondeur dans la connaissance de soi. Il « dérange » à sa façon – constructivement – en nous guidant pour mieux reconnaître nos forces et nos faiblesses et, surtout, pour nous accepter en toute sincérité.

Vous devez vous faire confiance, être vous-même, pour mieux « vivre » ce que vous dites ; utiliser vos émotions pour parler avec conviction et être crédible face à votre public. Avant de pouvoir adapter la forme de votre discours, il vous faut « écouter », comprendre et accepter votre public : c'est seulement après avoir franchi ces étapes que vous pourrez vraiment réussir un exposé.

Si ces conseils vont plus loin qu'une simple méthode pour parler en public, c'est qu'ils sont valables pour tous, dans la vie professionnelle comme personnelle, tous les jours, pour mieux vivre et gérer le quotidien.

De la même manière, ils sont valables dans toutes les langues et les cultures, si diverses soient-elles. C'est en effet celui qui s'accepte et reste lui-même qui le mieux affirmera ses convictions. Et réussira ainsi à « s'exposer » dans la vie.

Per Kaufmann
Président du directoire de Conforama
Groupe PPR

Introduction

« J'aurai beaucoup fait si je réussis à ranimer
en celui qui m'écoute le souvenir
de ce qu'il sait déjà. »
Platon

Parler en public est décidément un thème qui intéresse bien des gens. Parce qu'il les concerne de près, bien sûr.

Sept ans se sont écoulés et voici qu'une quatrième édition est déjà publiée : cet ouvrage a réussi en effet à figurer en bonne place parmi les ouvrages de référence des entreprises et des particuliers. Il est également recommandé dans plusieurs grandes écoles, comme : CEDEP, CNAM, CRC, HEC, Université THALES...

Cette quatrième édition est nouvelle sur quatre points majeurs :

– Les fiches-conseils ont toutes été repensées, précisées, et cinq nouvelles fiches s'y ajoutent. Elles sont désormais toutes regroupées à la fin de chaque chapitre pour être retrouvées plus facilement ;
– De nouveaux développements ont été apportés, notamment sur la *réunion*, le *non verbal* et la *maîtrise du débat* ;
– Un chapitre supplémentaire qui, pour la première fois, applique le concept du « cerveau total® » au domaine de la prise de parole et permet ainsi de réviser toutes les clés de l'oral à la lumière de vos préférences cérébrales ;
– enfin, l'ensemble de l'ouvrage a été repris pour en alléger la lecture, dans un esprit de fluidité et de plus grande précision.

Je souhaite que cette quatrième version atteigne encore mieux son but : *vous aider à mettre en scène votre talent* lorsque demain...

Demain, vous parlez en public

Les occasions ne manquent pas et, bientôt, vous allez devoir :

- *dirigeant* : fixer le cap et (re)donner confiance ;
- *manager, chef de projet* : fédérer votre équipe ;
- *directeur de la recherche* : révéler une nouvelle molécule ;
- ingénieur : rendre vivant un message technique austère ;
- *directeur des ressources humaines* : présenter le plan de développement des compétences ;
- *responsable du marketing, directeur commercial* : lancer la future gamme ;
- *directeur de la communication* : faire adhérer à une nouvelle campagne d'image ;
- *conseiller commercial* : intéresser un groupe de prospects à votre offre ;

ou bien...

- *consultant* ou *formateur* : animer ou entraîner un groupe ;
- *enseignant* : transmettre et captiver votre classe ;
- *étudiant* : présenter un exposé ou concourir ;
- *responsable d'association, particulier* : rallier une assemblée à votre point de vue ;

ou enfin :

- *médecin* : former de jeunes confrères ;
- *avocat* : plaider une juste cause ;
- *élu* : faire partager de fortes convictions ;

...

En un mot, quels que soient les enjeux, votre responsabilité et votre auditoire, vous devrez prendre la parole en public et vous montrer *clair, intéressant et convaincant.* Sans doute avez-vous eu à subir vous-même des exposés embrouillés, peu motivants, où l'orateur dévidait un discours confus et hésitant : les meilleures idées, en effet, ne résistent pas à un développement abstrait, à une attitude compassée ou à un débit mécanique qui rebutent l'écoute et découragent toute envie d'adhérer.

Vous, au contraire, vous saurez bientôt parler avec clarté et convaincre avec talent : demain sera votre grand jour J.

Mais vous avez des doutes...

Vous vous demandez en effet comment préparer votre intervention et structurer votre exposé ; ou comment maîtriser votre appréhension et prendre la parole avec aisance ; ou encore comment préparer vos réunions et faire travailler un groupe ; ou enfin comment faire face à un public passif, critique ou hostile.

Si vous doutez de votre aptitude à y parvenir, laissez-moi vous raconter cette histoire : elle est « vraie de vrai ».

L'enfant deviendra grand

Victor fête aujourd'hui ses six ans. La famille, réunie au grand complet, demande à notre jeune héros quel métier il rêve de faire quand il sera « grand ». Un silence attentif se fait : Victor, rouge de plaisir, se lève, prend la parole et annonce qu'il veut devenir cosmonaute.

Victor est très à l'aise : son regard brille, ses gestes sculptent dans l'espace les planètes et la course de l'astronef, sa voix est assurée et ses mots évocateurs. Intense, inventif, il passionne son auditoire, qui l'applaudit chaleureusement.

Victor est aujourd'hui chercheur dans l'aéronautique. Il n'aime guère prendre la parole en public : lorsqu'il y est contraint, il est tellement paralysé d'appréhension qu'il passe un temps démesuré à préparer de longues phrases ennuyeuses et d'interminables supports.

Le visage sévère, le regard vissé sur la moquette, le corps emprunté, les gestes rares et étriqués, la voix sourde et le débit monotone, Victor endort l'auditoire. Il espérait convaincre, il lasse. Son excellent projet ne sera pas retenu…

Qu'est devenu le petit cosmonaute à la parole d'azur ?

Vous avez du talent !

Pour lutter contre cette « fuite du talent », faites vôtre la conviction suivante : « Devenir adulte, c'est choisir son moyen de rester enfant[1] ».

Pour rester cet enfant vrai, donnez-vous les moyens de votre propre talent en adaptant à votre personnalité, à votre style de communication, les clés de bon sens et les conseils opérationnels que vous donne ce livre. Son rôle est en effet de vous aider très concrètement grâce à : des explications synthétiques, exemples, schémas, méthodes, techniques

1. A. Comte-Sponville, *Le mythe d'Icare*, PUF, 1992.

et 45 fiches-conseils regroupées à la fin de chaque chapitre. Et, d'étape en étape, l'humour sera également du voyage afin d'entretenir votre plaisir et votre curiosité.

Voulez-vous un bon conseil ?

Ce livre va vous permettre de répéter avec :

- *un metteur en scène...*
  l'auteur vient d'abord du théâtre : vous trouverez donc dans ce livre comment réduire votre trac, libérer le corps et la voix grâce aux techniques de l'acteur ;
- *un entraîneur...*
  l'auteur a débuté par la compétition en arts martiaux : vous préparerez ici votre mental avec les méthodes du sportif ;
- *un consultant...*
  il conseille dirigeants et équipes de managers : vous vous entraînerez donc avec les outils de la formation et du training ;
- *un coach...*
  spécialisé en sciences humaines : vous comprendrez ainsi vos processus de pensée, votre émotivité à la lumière du développement personnel.

Ainsi, vous vous entraînerez au fil de ces pages à être demain l'interprète, le champion et l'orateur inspiré qu'aimera votre public.

Passons à l'action

Le plan de cet ouvrage suit la chronologie des étapes d'une prise de parole et de votre perfectionnement permanent. Il se déroule donc en trois parties : avant, pendant et... après.

Acte I	*Acte II*	*Acte III*
Soyez prêt	**Soyez à l'aise le jour J**	**Soyez vous-même**
De votre projet à la répétition générale	De votre prestation au débat	De vos progrès au mieux-être
(*Préparer*)	(*Réussir*)	(*Progresser*)

Cette pièce en trois actes vous révèle peu à peu douze clés fondamentales de l'oral :

Acte I : définir ses enjeux et son dispositif. Savoir préparer sa présentation et sa réunion. Réduire son appréhension et se préparer mentalement.

Acte II : apprivoiser son trac. Laiser parler son émotion, libérer son corps et faire vivre sa voix. Maîtriser le débat.

Acte III : se perfectionner au quotidien pour (re)devenir soi-même. S'inspirer aussi du talent des « meilleurs ». Et réviser en s'entraînant à communiquer à « cerveau total® ».

À présent, frappons les trois coups. Puissent ici les mots de l'écrit délivrer des maux de l'oral ! Lecteur, je te souhaite un bon voyage au cœur de ces pages : qu'il te soit plaisant et t'aide à plus *oser* et mieux *savoir* parler demain en public.

Acte I

SOYEZ PRÊT
De votre projet à la répétition générale

1. Clarifier ses enjeux
2. Préparer sa présentation
3. Réussir sa réunion
4. Répéter et se préparer mentalement

Chapitre

Clarifier ses enjeux

« Aucun oiseau ne saurait chanter sans une puissante question. »
René Char

Commençons par le commencement. Vous avez un projet pour « demain », c'est-à-dire pour bientôt : parler en public. Dans quelques jours, en effet, vous allez réunir un groupe, parler à un auditoire nombreux ou bien vous adresser à toute une assemblée.

La première des choses est de ne pas vous tromper : ni de public, ni de but, ni d'approche, ni de durée d'intervention. Anticipez donc au maximum et définissez d'abord ces priorités.

Puis choisissez la forme que vous souhaitez donner à votre intervention : le lieu, le dispositif, le matériel, ainsi que les moyens techniques et audiovisuels dont vous aurez à vous servir.

C'est l'objet de ce chapitre de vous aider à anticiper efficacement ces choix prioritaires et vos préparatifs techniques, en les éclairant de premiers conseils de mise en scène et d'animation.

Qui voulez-vous convaincre ?

Que votre public soit constitué de 5, 50 ou 500 personnes, vous allez devoir le convaincre, c'est-à-dire, idéalement, convaincre *chacun* des participants.

Qui est en réalité ce public que, pour l'instant, vous avez peine à vous représenter, si ce n'est par de vagues silhouettes incertaines et quelques visages inconnus émergeant de la pénombre ?

Votre priorité numéro 1 est donc de donner visage humain à ce public. Quand bien même vous ne le connaîtriez pas à l'avance – et, sur scène, les projecteurs vous empêcheront en plus de le distinguer – demandez-vous d'abord de *qui* est constitué ce public. Car c'est chaque participant que, sans le savoir, vous allez interpeller un par un et qui, en son for intérieur, choisira ou non d'accepter votre thèse, d'adhérer ou non à votre cause. Parler est indissociable de « *à qui* je parle ».

Voilà pourquoi il n'y a pas d'exposé standard, ni d'argumentation universelle, ni de visuel passe-partout...

Voilà pourquoi vous avez à connaître votre auditoire, à le questionner et à l'écouter au préalable et, si vous ne le connaissez pas, à présumer ses valeurs, son cadre de références, ses motivations et ses enjeux. C'est votre sens de l'humain et votre intuition de l'autre qui transformeront votre exposé en acte de communication. Communiquer, n'est-ce pas « mettre en commun » ?

Ici s'impose la sage démarche de François Xavier (jésuite espagnol du XVIe siècle, parti évangéliser l'Inde avec succès, puis la Chine et le Japon) : « Je suis entré par leur porte, ils sont ressortis par la mienne. » C'est le bon sens : partir de l'autre.

Au-delà du nombre de vos interlocuteurs, posez-vous donc les questions indispensables qui suivent (*cf.* fiche-conseils 1) :

• *Quels sont leurs profils ?*

Identifiez – ou présumez – leurs statuts professionnels, leurs fonctions, leurs responsabilités, leurs expériences. Et quels sont leurs modes de pensée, leur culture ?

• *Quelles sont leurs motivations ?*

Interrogez-vous sur ce qui les anime et qui peut le mieux les toucher : quels sont leurs enjeux, leur espérance collective et leurs motivations personnelles ? Et aussi, quels sont leurs inquiétudes, leurs réticences, leurs *a priori* ?

• *Votre public est-il homogène...*

Peut-être aurez-vous la chance de vous adresser à un public supposé homogène, bien que dans une même communauté de niveaux et d'intérêts les motivations diffèrent singulièrement d'une personne à l'autre. Soyez donc vigilant sur ces probables nuances et prêt à parer des réactions individuelles imprévues.

• *... ou bien hétérogène ?*

C'est le cas le plus fréquent, qui reflète bien la diversité humaine. Prenez en compte toutes les composantes de l'auditoire, ses différentes familles de pensée, de réactions, d'attentes et les freins qui peuvent créer obstacle à la bonne assimilation de vos messages. Il vous faudra donc : respecter les différences au sein de votre public, élargir le champ de votre argumentation, varier vos exemples et adapter votre vocabulaire. Le clavier de votre partition devra se jouer sur plusieurs octaves. Plus le public est nombreux, plus sa diversité s'accroît. En assemblée, ce sera comme si vous aviez affaire à un piano de concert : jouez sur un « grand clavier » !

- *Quel est son niveau de connaissance ?*

  Le thème que vous abordez, les arguments que vous donnez, sont-ils connus de tous, compréhensibles par tous ? Ou bien imparfaitement ?

  Soyez accessible, clair, précis, imagé. Traduisez, donnez des exemples, vérifiez les réactions dans le groupe et adaptez-vous. Adressez-vous toujours (mentalement) à la personne la moins capable de vous suivre et rendez-lui la tâche aisée. Soyez un pédagogue attentif et un interprète compréhensible.

- *Enfin, quel rôle le public vous accorde-t-il ?*

  Selon les circonstances, ou le thème, ou le groupe concerné, votre position et votre rôle peuvent changer. Vous adressez-vous ce jour-là aux participants : en tant que hiérarchique ? comme expert ? chef de projet ? membre de l'équipe ?

  Dans tous les cas, comprenez bien à l'avance le *personnage* qu'ils ont envie de vous voir jouer car c'est au travers de leurs « lunettes » qu'ils vous regarderont et vous écouteront d'abord. Clarifiez et soyez vous-même : votre talent ne viendra pas d'une image composée mais de votre authenticité.

Avant de préparer votre intervention, changez d'abord de point de vue en vous mettant à la place de vos interlocuteurs. Vous enrichirez ainsi votre approche et trouverez la bonne longueur d'ondes : la leur.

Le secret face à un public nombreux

Face à un auditoire nombreux, inconnu, a fortiori face à une assemblée, représentez-vous une personne « idéale » que vous aimeriez convaincre. Cet interlocuteur virtuel, imaginez qu'il ressemble un peu à la population rencontrée mais, en même temps, qu'il est profane par rapport au thème que vous développez. En tout cas il est, dans votre esprit, bien intentionné à votre égard, désireux de découvrir, de comprendre et prêt à adhérer à votre point de vue. Donnez-lui un visage (sympathique) et un nom ou un prénom (sympathiques) : il faut que vous ayez envie de lui parler, de l'aider à comprendre et de le convaincre. Ainsi vous aurez un véritable « ami » dans la salle et c'est à lui que vous vous adresserez mentalement en regardant les participants. Tout naturellement, l'ensemble du public se sentira reconnu, vous comprendra aisément et aura, à son tour, envie d'adhérer[1].

Quel est votre but ?

Votre priorité numéro 2 doit être de définir votre but réel, c'est-à-dire la raison pour laquelle vous conviez les participants à vous entendre.

Selon les circonstances, le thème, le public lui-même et votre but, la focale de votre exposé variera sensiblement. Attention au moindre biais dans votre approche : la différence est grande, par exemple, entre « expliquer » un processus et y « faire adhérer »...

Mais peut-être votre but initial est-il tout simplement d'informer ?

Informer

L'information est toujours nécessaire, rarement suffisante. Encore faut-il lui donner un sens, la traduire en *action* et en *avantages* pour vos interlocuteurs. Donnez du relief à votre information, mettez-la en perspective et éclairez la phase de mise en œuvre. L'écrit conviendrait d'ailleurs mieux à une stricte information : pourquoi alors faire se déplacer tant de gens ? Limitez au maximum l'aspect informatif.

Ou bien votre but consiste-t-il à expliquer ?

Expliquer

Vous n'êtes, là encore, que dans la logique du « *ça* ». Si votre explication est claire, votre démonstration irréfutable, c'est déjà un pas important de franchi. Mais ce n'est qu'un premier pas : au service de quel enjeu, de quel projet, cette explication a-t-elle sa nécessité ? Si l'écrit permet une description plus détaillée et des développements plus complets, l'oral ne le permet jamais. La loi de l'oubli est ainsi faite que trop d'explications « noient » l'idée. Fuyez la pensée technique, l'exposé didactique et rendez votre pensée intelligible (*intelligence* ne signifie-t-il pas *comprendre* ?) et stratégique.

1. En écrivant ce livre, je tiens moi-même compte de ce conseil, en m'adressant mentalement à un certain Victor, dont vous avez fait la connaissance dans l'introduction.

Pour ne pas tomber ici dans cette erreur du discours technique que je dénonce et provoquer votre lassitude, passons immédiatement aux buts stratégiques.

Un but stratégique

- Notre éducation, notre savoir, notre environnement technique nous transforment souvent en « experts » de la pensée technique.
- Pour communiquer et persuader, dépassez ce premier stade : centrez-vous sur le groupe et devenez le « stratège » de ses intérêts, de ses motivations, des valeurs et des enjeux qu'il partage collectivement.

« Pour quoi » réunissez-vous cet auditoire, c'est-à-dire pour obtenir de sa part quelle réaction et quelles actions ?

Peut-être souhaitez-vous – c'est un minimum – sensibiliser votre public ?

Sensibiliser

Il s'agit dans ce cas d'obtenir une prise de conscience, d'amener le groupe à évoluer dans ses façons de voir ou de faire, de modifier tel ou tel comportement. Vous aurez alors à convaincre l'esprit et à persuader le cœur des intéressés, c'est-à-dire à les rendre sensibles à leurs propres intérêts, professionnels ou personnels. Entrez dans la logique de « l'autre » : pensez et dites « *vous* ».

Responsabiliser

Par rapport au but précédent, celui-ci monte en puissance d'un cran : à l'intérêt s'ajoute le devoir et à l'individuel la solidarité, le sens de l'équipe et du collectif. Soyez confiant dans l'attitude responsable de votre public, pour peu que l'enjeu soit déterminant et votre propre attitude exemplaire.

Persuader

Voilà bien la finalité majeure d'une prise de parole en public : transmettre votre propre conviction à chacun de vos interlocuteurs, du moins au plus grand nombre. Réunir tant de cerveaux, de compétences, d'expériences et de désirs, (tant de peurs aussi, ou d'oreilles qui se font prier…), et vous engager personnellement avec une conviction dûment étayée, cela mérite en effet un beau salaire collectif : celui du partage et de l'adhésion. Donnez votre parole, rendez vos idées gourmandes et ce partage sera festin de gourmets. La logique du « vous » devient alors celle du « *nous* ».

Entraîner à l'action

Cette ambition représente votre mission ultime.

Vous venez d'obtenir l'adhésion du public, impliquez-le dans l'action. C'est d'ailleurs votre rôle essentiel d'être un manager de projets, un entraîneur de talents ou, comme l'on dit, un « meneur d'hommes » (*cf.* fiche-conseils 2).

Comment obtenir l'engagement effectif, le passage à l'acte, de votre auditoire ?

- en le lui demandant (et pourtant cet acte simple : demander, est souvent oublié) ;
- en vous impliquant vous-même dans l'action : montrez l'exemple ;
- en l'y aidant (pédagogie, moyens, outils) ;
- et en le mobilisant sur le résultat positif à sa portée de main.

Vous aurez ainsi amené progressivement votre public à avoir *envie* d'agir.

Choisissez la bonne approche...

Si vous voulez *convaincre* et *persuader*, choisissez l'approche la plus appropriée au public concerné, au nombre de participants, au thème traité et à votre propre style. Et, bien sûr, au contexte...

Vous pouvez choisir entre plusieurs options :

- l'*exposé* ou l'*intervention*, lors d'une réunion, d'un congrès, d'un séminaire (de 10 à 30 minutes) ;
- le *discours* très structuré et plus solennel, qui exigera de vous plus de *charisme*[1] (de 15 à 45 minutes[2]) ;
- le *cours* qui, pour ne pas tomber dans le style « magistral », doit être lui-même donné de façon... magistrale (minimum 2 heures) ;

---

1. Charisme : « Don particulier conféré par grâce divine » – ascendant « suscité par une personnalité exceptionnelle » (*Le Robert*).
2. Si l'on excepte certains discours de Fidel Castro (son record : plus de huit heures)...

– la *conférence*, qui nécessite une grande expertise et une mise au point parfaite (de 1 à 2 heures) ;

ou bien :

– la *réunion* ou la *table ronde*, qui impliquent du savoir-faire et une bonne expérience de l'animation ;
– le *débat* avec le public, qui exige de vous l'aisance du « débatteur » face à la contradiction (voir le chapitre 9).

Enfin, si votre ambition est de *former*, vous aurez à conjuguer différentes approches pédagogiques, telles que : exercices, jeux, études de cas, échanges interactifs, techniques de créativité, travail en vidéo... Il vous faudra alors être (bien) formé à (bien) former !

Pour vous aider efficacement à progresser dans les situations les plus fréquentes, ce livre se focalise principalement sur la *présentation*, la *réunion* et le *discours*, et vous propose plusieurs techniques (souveraines) de *débat contradictoire*.

... et la bonne longueur d'ondes

Combien d'orateurs ont manqué leur but ou gêné leur public, parce qu'ils n'avaient pas choisi le mode, le « ton » appropriés ? Notre environnement professionnel nous en fournit de nombreux exemples.

Ainsi :

– ce responsable qui se dérobe derrière la langue de bois, au lieu de parler vrai ;
– cet autre qui nous perd dans le maquis de l'analyse et du détail, au lieu d'aller à l'essentiel ;
– tel autre, enfin, imbu de sa propre excellence, qui pérore indifférent à son public.

Choisissez donc le mode d'intervention qui permettra de communiquer *ce* message à *ce* public, en respectant le contexte et votre propre style.

Vous pouvez par exemple choisir un *mode* :

informatif	*ou*	pédagogique
directif	*ou*	participatif
technique	*ou*	illustratif
suggestif	*ou*	impliquant...

Du mode choisi découlera le *style* de votre intervention :

rigueur *ou* humour
dramatisation *ou* simplicité
neutralité *ou* engagement…

Enrichissez et variez votre registre. Faites appel à toutes les facettes de votre personnalité : le style, c'est l'homme.

Définissez la durée de l'exposé…

De combien de temps disposerez-vous effectivement pour parler et convaincre : 10 minutes, 20 minutes, 30 minutes ?

Faites court. Résistez à l'envie de tout dire. Rappelez-vous que, surtout à l'oral, le « trop d'informations » nuit à l'information, que l'écoute attentive se lasse très vite et que la compréhension se dérobe devant le complexe ou le foisonnant.

J'insiste : *faites court.* Dites-en moins : vous le direz mieux.

Le deuxième conseil découle du précédent. Il se fonde sur une pratique cent fois vérifiée. Quelle que soit la durée de votre intervention, calez votre préparation sur un temps légèrement inférieur :

– vous devez parler 20 minutes ? préparez pour 15 minutes ;
– vous devez parler 30 minutes ? préparez pour 25 minutes.

Cette précaution de bon sens vous permettra en effet de ralentir votre débit, de faire de bons silences et de reformuler suffisamment. Votre message sera plus clair et plus fort.

Confort de perception, confort de compréhension et de mémorisation : l'adhésion du public est à ce prix.

… et la mise en scène : où et avec quel dispositif ?

Savez-vous dans quel lieu vous vous exprimerez ? Avez-vous la possibilité de le choisir ? Et quel est son équipement (mobilier et matériel) ?

Veillez au confort des participants, qui conditionne aussi la qualité de leur écoute.

Préférez un *dispositif* en U ouvert si le groupe n'excède pas une douzaine de personnes. Au-delà, vous pouvez faire placer les sièges en arcde-cercle (évitez la disposition « salle de classe », plus rigide). Ces détails ont en réalité une grande influence sur la dynamique du groupe, ils favoriseront une atmosphère conviviale et plus constructive.

Concernant *votre propre emplacement* : vous aurez naturellement besoin d'une table pour vos documents et pour y écrire en cours de réunion. Évitez de placer votre table en plein milieu de la « scène », pour atténuer le caractère hiérarchique (« tribunal »). Placez-la plutôt sur le côté (celui qui vous est le plus confortable), au contact du U des participants. Cette disposition vous permettra de vous déplacer et d'entrer dans le cercle pour animer votre groupe, puis d'aller vous rasseoir par moments lorsque vous inviterez le groupe à réagir. Vous pourrez ainsi jouer souplement sur deux registres : celui du « pouvoir » (debout, en milieu de scène) et celui de la proximité (assis, sur le côté).

Face à une assemblée : sans doute aurez-vous un *pupitre*. Mais celui-ci incite trop fréquemment à s'y cramponner. La solution ne dépend que de vous : redressez-vous et prenez appui sur le sol et sur votre bassin. Vous serez ainsi plus à l'aise et votre corps pourra, lui aussi, « parler ».

Au-delà de ce premier équipement matériel, vous aurez besoin également d'un certain nombre de supports.[1]

Avec quels supports ?

Tableau de papier

Jusqu'à un maximum de 15 participants, utilisez le tableau de papier, qui est un fantastique outil d'animation en public restreint. Il est pour vous un support d'expression vivant et imagé, qui vous permet de parler et d'agir – au lieu de commenter passivement un transparent sur l'écran. Il vous permet de construire progressivement votre démonstration et de la visualiser de façon bien mémorisable. Il est, en outre, la « feuille de brouillon » du groupe, sur laquelle vous noterez successivement ses idées, ses enrichissements.

Un tableau de papier, c'est bien ; deux tableaux de papier, c'est mieux. Par exemple : les analyses d'un côté, les synthèses de l'autre, etc.

1. L'excellent *Guide des techniques d'animation* de François Laure (Éd. Dunod, 2005) vous donnera une foule de conseils sur tous les supports techniques.

Tableau de gauche	Tableau de droite
objectifs *inconvénients* *analyses* *suggestions* *actions* *etc.*	*plan, méthode* *solutions* *synthèses* *options retenues* *calendrier* *etc.*

Ces deux supports vous offriront en outre une surface de travail plus copieuse – qui respecte le format du champ visuel humain. Ils vous permettront d'écrire plus grand et de dessiner des schémas plus complets. À deux, ils doubleront le confort de lecture des participants et l'impact de vos messages.

Le groupe dépasse 10 à 15 participants ? Votre exposé est très technique ? Ou votre écriture est décidément illisible ? Alors utilisez plutôt une présentation avec diapos (*slides*).

Vidéoprojection

Les supports visuels permettent en effet d'être vus par un plus grand nombre de participants et ont le mérite de vous *obliger* à préparer, synthétiser et structurer vos messages essentiels. Ils seront d'autant plus efficaces que vous apporterez un soin particulier à les concevoir et que vous saurez les commenter, les « animer », de manière vivante et pédagogique.

C'est pourquoi une fiche-conseils leur est consacrée dans le chapitre suivant (fiche-conseils 11).

Les transparents sont aujourd'hui démodés et vite lassants pour l'auditoire. Utilisez la vidéoprojection, qui vous permet de faire votre présentation à partir d'un diaporama, plus esthétique et plus vivant.

Ces choix et ces préparatifs accomplis, vous voici prêt... à préparer votre présentation.

2 fiches-conseils

1. *Réglez d'abord sept questions.*
2. *Il faut choisir : informer ou mobiliser.*

Fiche 1 : Réglez d'abord sept questions

Avant de jeter vos idées sur le papier, faites le point sur ces questions primordiales.

❍ **À QUI vous adressez-vous ?**
Le **nombre** de participants mais aussi leurs **profils** : *leurs responsabilités, cadre de références, niveaux de formation et de connaissance du sujet, attentes, réticences...*

❍ **QUI parle ?**
À quel titre parlez-vous ce jour-là ? *Au nom de la direction, à titre personnel, en tant que hiérarchique, chef de projet, expert, consultant...* Tenez-en compte et dites-le.

❍ **POUR QUOI ?**
Quel est votre **but** ? *Informer, expliquer, sensibiliser, responsabiliser, convaincre, faire adhérer, entraîner à l'action...* Chaque intervention est différente.

❍ **QUELLE FORME ?**
- Sous quelle forme devez-vous intervenir devant ce public ? *Exposé, discours, conférence, discussion, débat, réunion, cours, formation, training...*
- Et faudra-t-il être informatif ou pédagogique, descendant ou participatif, technique ou imagé, impliquant ou suggestif ? Soyez flexible et adaptez votre mise en scène.

❍ **QUEL STYLE ?**
Choisissez de communiquer avec *rigueur, humour, neutralité, autorité, chaleur...*

❍ **QUELLE DURÉE ?**
- De combien de temps disposerez-vous ? *Dix minutes, vingt minutes, trente minutes, plus...*
- Préparez toujours plus court (pour pouvoir parler calmement et ne pas déborder...).

❍ **QUEL DISPOSITIF ?**
- *Lieu et équipement* : si vous ne les connaissez pas, procurez-vous le plan de la salle et le descriptif des équipements.
- *Choisissez votre dispositif* : *tables en U, amphithéâtre, théâtre, salle de classe...* Dessinez-le et transmettez-le à l'organisateur. Mieux : allez sur place.

❍ **ET QUELS MATÉRIELS ?**
- *Vidéoprojecteur, ordinateur* et *écran*.
- *Paperboard* (apportez des marqueurs à section large et du ruban adhésif de peintre).
- *Téléviseur, caméscope, micros...*

Testez et réglez les matériels à l'avance : la technique ne s'improvise pas.

☞ **Ces questions résolues, préparez votre présentation ou la réunion avec soin.**

Fiche 2 : Il faut choisir : informer ou mobiliser

Sachez où placer le curseur.

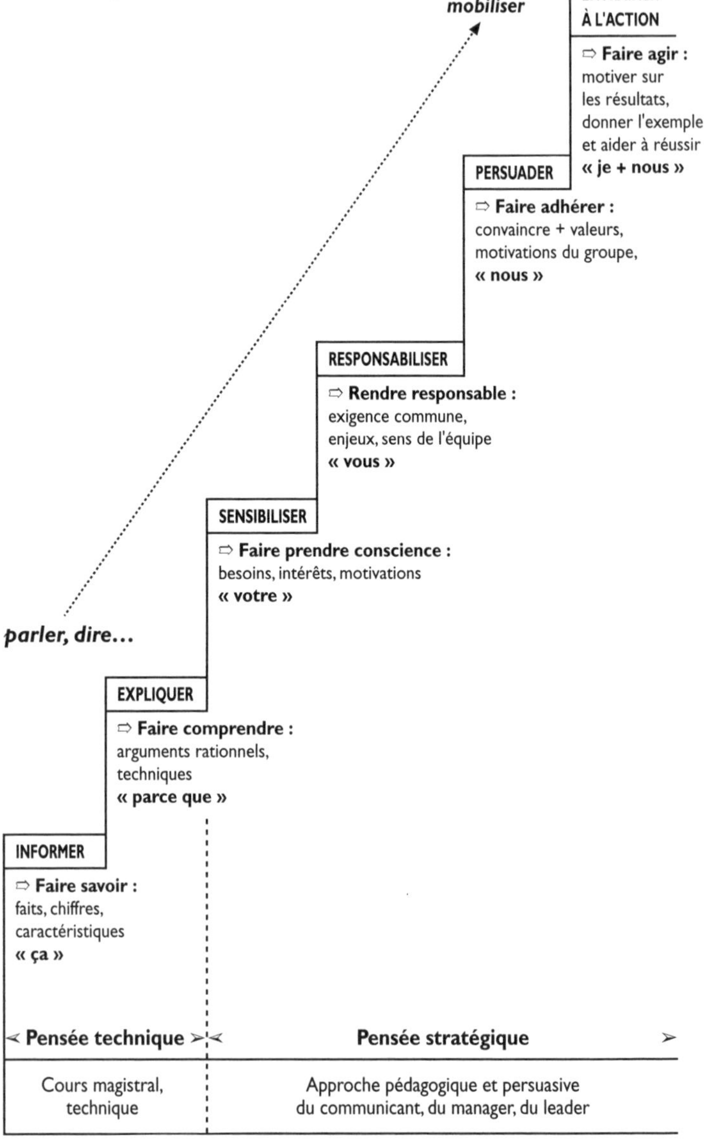

☞ **Avoir raison ne suffit pas à mobiliser un public. Partez de lui, soyez « stratégique ».**

Chapitre 2

Préparer sa présentation

« Même si nous possédions la science totale,
il y a des gens que nous n'arriverions pas à persuader
car le discours scientifique n'emporte pas, de soi, l'adhésion. »
Aristote

Délimitez votre sujet

Le thème de votre prochaine intervention est fixé : vous l'avez vous-même choisi – ou bien il vous a été demandé.

Qu'il soit technique ou plus général, ce thème correspond pour l'essentiel à votre domaine de compétence (sinon, re-fu-sez !). S'il est important, il est sans doute vaste : il vous faut donc en définir le périmètre, sous peine de déborder (rappelez-vous les fameux « hors sujet » de notre scolarité) ou, inversement, de n'en traiter que l'un des aspects.

Réfléchissez aux différentes facettes de votre sujet, mettez-le en perspective et dégagez l'idée maîtresse, mais délimitez les frontières à ne pas franchir, qui portent des noms bien connus : *à côté, au-delà*...

Deux principes majeurs de l'oral doivent s'imposer à vous pour « cadrer » strictement le champ de votre présentation :

– moins vous en direz, mieux ils comprendront ;
– moins ils en entendront, plus ils en retiendront.

En outre, votre temps d'intervention est compté. Un quart d'heure de prise de parole, cela passe très vite. Focalisez-vous sur l'essentiel, le significatif : tout votre sujet, rien que votre sujet.

Cherchez les idées, les informations

Les limites de votre sujet étant tracées, vient le moment excitant du *déballage d'idées* et de la *cueillette* des informations.

Démarrez cette phase le plus tôt possible, pour vous donner le temps de laisser « monter » en vous les idées dans une démarche vagabonde, buissonnière. Si vous vous y preniez au dernier moment, vous risqueriez d'escamoter cette étape d'ensemencement et de planter sur un terrain trop pauvre. Si, au contraire, vous le faites à l'avance, en ouvrant bien grands votre esprit, vos yeux et vos oreilles, vous enrichirez votre vision et ressentirez, ce faisant, un vrai plaisir de la découverte (fiche-conseils 3).

Prenez le temps de rassembler les informations utiles et les preuves de votre future démonstration, et acceptez le désordre apparent dans lequel elles se présentent à vous : il sera bien temps de les trier et classer ensuite.

Forgez de « bons » arguments : *Tête-Cœur-Corps*

Le levier de cette démonstration sera constitué de la force et de la pertinence de votre argumentation. Ici doit être rappelé le paradoxe de l'expert : combien d'excellents spécialistes ont échoué à convaincre et persuader, parce que leur démarche n'était que rationnelle ; combien de raisonnements scientifiques et techniques n'ont pu rencontrer l'adhésion ; et combien d'exposés « technocratiques » ou didactiques ont laissé l'auditoire sans réaction – et l'intervention sans suites.

Est-ce notre apprentissage et notre culture qui nous poussent à privilégier le mode rationnel aux dépens de l'émotionnel et du sens des réalités ? Ou bien l'anxiété, qui nous porte à nous arc-bouter à ce qui paraît inconstestable ? Toujours est-il que les personnes que vous aurez à convaincre sont, comme nous tous, faites d'un triple ressort, le « triangle grec » : celui de la raison, du cœur et de l'action, c'est-à-dire *tête-cœur-corps*[1] (fiche-conseils 4).

1. Cette approche, héritée de la rhétorique d'Aristote (*logos*, *pathos*, *éthos*), a été depuis étayée par les travaux du biologiste américain Paul D. Mc Lean sur les trois centres énergétiques, et par ceux du Pr. Henri Laborit.

Le premier ressort est d'ordre cognitif (connaissance), les deux suivants d'ordres émotionnel et factuel. Si les proportions entre ces trois ressorts de l'adhésion varient d'un individu à l'autre, d'un groupe à un autre, ils sont néanmoins tous trois présents chez chacun de vos interlocuteurs. Veillez donc à enrichir votre démonstration de ces trois registres d'arguments. Pour cela, mettez-vous à la place des intéressés et posez-vous la question à débattre en termes d'arguments rationnels, émotionnels et factuels.

En quoi consistent ces différents types d'arguments ?

– Arguments rationnels : concepts, idées, analyses, raisonnement, preuves logiques, *l'intellectuel*... (car nous avons tous besoin de savoir et de comprendre).

  Exemple : « Voici pourquoi nous avons défini les critères de compétence sur lesquels vous fonderez l'évaluation de vos collaborateurs. »

– Arguments émotionnels : motivations, intérêts, valeurs, cultures, cadre de références, *l'affectif*... (car nous avons tous besoin de ressentir et de vibrer).

  Exemple : « C'est ensemble, grâce au talent de chacun d'entre vous, que nous allons trouver la solution motivante. »

– Arguments factuels : faits, réalité, méthodes, outils, résultats, preuves et *exemples concrets* (car nous avons tous besoin de nous impliquer dans le concret et dans l'action).

  Exemple : « Nous mettrons cela en place dès le trimestre prochain : voici les outils et les documents dont vous disposerez. Pour vous y aider, une formation opérationnelle vous sera donnée dès le mois prochain. »

Remarque : l'ordre de présentation de ces trois types d'arguments n'implique évidemment pas de les présenter dans cette chronologie. Un paragraphe entier consacré au plan vous donnera bientôt les conseils de structure et d'organisation nécessaires.

Cerveau droit, cerveau gauche

Une autre précision essentielle sur le cerveau, qui joue un rôle considérable en matière d'*influence* et qui sous-tend le modèle « cerveau *total*® » (voir chapitre 12). Sans doute savez-vous que le cerveau est constitué de deux hémisphères asymétriques – connectés entre eux – et que chaque hémisphère est spécialisé en des compétences distinctes et complémentaires.

Le cerveau gauche

Pour résumer schématiquement ce qu'on en connaît aujourd'hui, disons que l'hémisphère gauche est spécifiquement en charge des processus suivants[1] :

- rationnel et intelligence convergente,
- langage et mémoire verbale (mots et syntaxe),
- pensée abstraite,
- analyse, dissection logique et résolution des problèmes,
- déduction (après étude de toutes les hypothèses),
- formel : organisation et définition claires,
- fonctionnement linéaire, séquentiel,
- raisonnement mathématique numérique (chiffres, finances),
- évaluation des sensations et motricité.

Par nature, le cerveau gauche est « *froid* » (car exempt d'émotions relationnelles) et « *lent* » (car son travail procède d'une vérification exhaustive). C'est ce cerveau gauche que vous devez *convaincre*.

Le cerveau droit

À l'inverse, l'hémisphère droit, strictement non rationnel et non verbal, est en charge de ce qui est :

- relationnel et réceptivité (contact chaleureux, disponibilité),
- global (holistique),
- spatial et associatif (perçoit des ensembles, des rapports),
- visuel (images, flashes, formes),
- synthétique (opère par regroupements),
- artistique et divergent,
- analogique (procède par comparaisons, par métaphores) et humoristique (décalages),
- intuitif (à l'affût des idées nouvelles, aime le changement et sait s'adapter),
- anticipateur (imagine le futur), imaginatif et conceptuel,

---

1. Voir le livre de Pierre Longin : *Apprenez à mieux vous connaître : PNL et Ennéagramme*, Dunod, 1995.

– concret (informations liées aux sens, choses et objets).

Par nature, ce cerveau droit est donc *affectif* (« chaud »), *impétueux* et *fulgurant* car il privilégie une seule hypothèse et escamote le temps des vérifications. Ce cerveau est précisément celui de l'adhésion. Et c'est lui que vous devez *persuader.*

Il est clair qu'aucun des deux cerveaux n'est rien sans l'autre…

Le processus de l'adhésion

C'est donc aux deux cerveaux de votre auditoire que vous devez vous adresser, pour à la fois le convaincre et le persuader. Comment cet auditoire procède-t-il pour capter vos informations, assimiler et comprendre vos connaissances ?

Jung – psychiatre avant de devenir psychanalyste – distingue quatre manières de saisir l'information et de se l'approprier (processus *cognitif*) :

– la sensation,
– la pensée,
– l'émotion,
– l'intuition.

J'emprunte ici à Georges Nizard[1] la distribution qu'il établit entre les aires cérébrales. Voici son schéma (qui devrait bien « parler » à votre hémisphère droit).

Et c'est ainsi – pour revenir à l'approche argumentaire tête-cœur-corps et au triangle d'Aristote (fiche-conseils 4) – que votre argumentation saura être convaincante et persuasive : elle respectera en effet les processus naturels et incontournables du cerveau logique (CG) et du cerveau analogique (CD) :

– arguments *tête* → pensée + intuition (CG + CD)
– arguments *cœur* → sentiments, relationnel (CD)
– arguments *corps* → évaluation de l'expérience (CG)
→ subjectivité de l'expérience (CD)
→ sens du concret (CD)

1. D'après son excellent ouvrage, *Convaincre*, Dunod, 1994, p. 86.

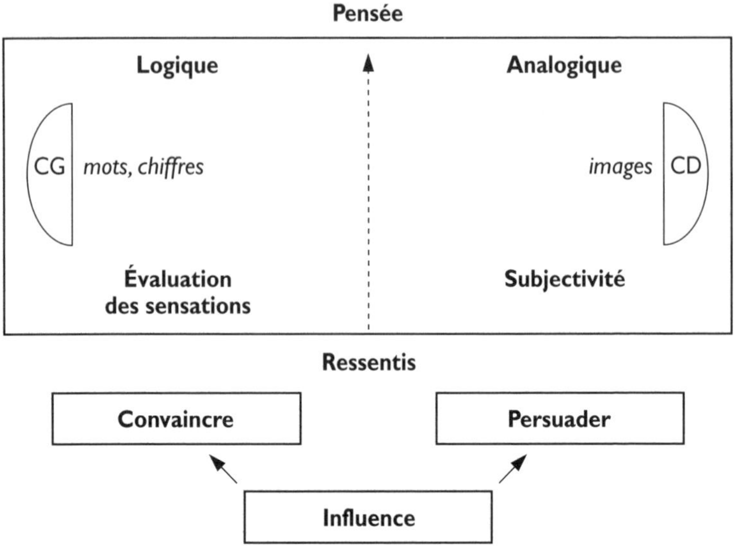

Le double processus de l'influence

La clé de la communication réside dans cette loi de l'adhésion.

La loi de l'adhésion

Le cerveau *droit*	a le désir de la solution	→	PROMETTEZ
Le cerveau *gauche*	a peur de la solution	→	PROUVEZ
Le cerveau *droit*	a le désir de l'action	→	ENTRAÎNEZ
Le cerveau *gauche*	a peur de l'action	→	RASSUREZ, AIDEZ

Préparez vos réponses

Vous l'avez compris, si les hémisphères droits de l'auditoire brûlent d'envie de partager votre vision, il est naturel que les hémisphères gauches de ces mêmes interlocuteurs se méfient et veuillent vérifier scrupuleusement la pertinence de vos dires : ils « brûlent » donc également de *questions*, d'interrogations – que certains iront jusqu'à traduire en *objections* véhémentes (et là leur cerveau droit pourrait même « exagérer », en renchérissant avec émotion sur une critique *a priori* rationnelle).

Combien d'orateurs qui avaient omis de prévoir les questions de leur auditoire se sont trouvés ainsi désarçonnés en fin d'intervention, incapables de trouver à l'improviste la réponse attendue… ?

Conseil pour vous préparer aux questions

Profitez de cette phase d'anticipation pour lister les *cinq* à *dix questions ou objections* prévisibles de la part de votre public (sur les plans conceptuel, émotionnel et factuel) et préparez des *réponses* satisfaisantes. Cela enrichira votre propre argumentation et renforcera votre confiance dans le bien fondé de votre thèse. Intégrez dans l'exposé la réponse aux objections importantes et gardez celles qui correspondent à des objections mineures pour la discussion ou le débat à venir. Vous savoir prêt à répondre réduira en outre votre appréhension.

Dégagez votre idée-force

« Il faut rendre les choses aussi simples que possible, mais pas plus. »

Einstein

Depuis quelque temps, votre cerveau vagabonde, il vous a inspiré des idées séduisantes, fortes, voire cocasses : bref, votre hémisphère droit – celui de l'imagination et de l'analogie – s'en donne et vous en donne à cœur joie.

Dans cette moisson, par flashes imprévus et sans ordre, ont jailli beaucoup d'arguments de première force. Puis vous avez creusé et déniché des trésors d'idées, d'exemples, de preuves et de mots. Mais la moisson a été si prometteuse que vous ne savez plus où donner de la tête : tous vos beaux raisonnements sont sens dessus dessous et vous voilà perdu, pris d'un léger vertige.

C'est naturel. Oubliez un peu, refermez vos notes et laissez décanter. Allez plutôt vous promener un peu – ou dormir. La nuit porte conseil…

Demain, cependant, il vous faudra réduire cette matière trop foisonnante, trier et élaguer branchages et brindilles : pour cela, faire émerger le sens, c'est-à-dire l'*idée-force*, votre idée-force. C'est elle qui vous servira de fil rouge pour clarifier et structurer votre raisonnement ; et pour nous, elle sera le fil d'Ariane qui nous permettra de ressortir libres du labyrinthe de votre raisonnement.

Cette idée-force constitue le « cœur » de votre message : aimez-le et faites-en votre vérité, votre profession de foi. Elle vous donnera du cœur à l'ouvrage pour finaliser votre préparation – et de la conviction pour nous faire partager vos idées le jour dit (fiche-conseils 6).

Commencez par la fin... la conclusion

Peut-être avez-vous appris à commencer votre travail de préparation écrite par l'introduction ? Ce qui présente les apparences de la logique, puisque c'est en effet par l'introduction que vous débuterez votre exposé en public.

Mais vous risquez en procédant ainsi d'avancer à l'aveuglette et de ne déboucher que sur des généralités.

Commencez au contraire par la fin, la conclusion, puisque c'est elle qui synthétise l'essentiel de ce que vous voulez démontrer. Votre conclusion, c'est précisément l'*idée-force*, déjà identifiée, et qui vous a donné le cap (fiche-conseils 9). Si vous avez eu de la difficulté à formuler cette idée-force, le fait de commencer par la conclusion vous aidera à la mettre en évidence.

Rappelez-vous cette réflexion d'Albert Camus : « C'est une vérité première et on l'appelle première parce qu'on la découvre après toutes les autres ». C'est après l'expérience que jaillit le sens.

Symbolisons cette idée-force par ce graphisme :

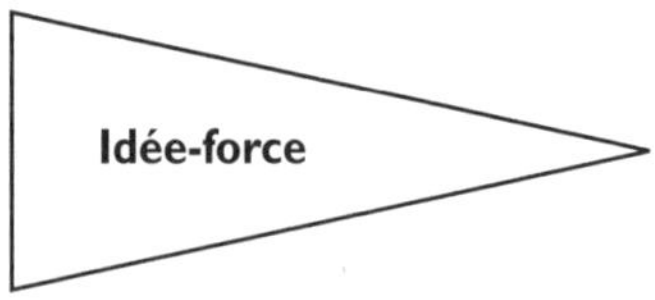

Une nouvelle « Règle de 3 »

Puis dégagez de votre réflexion préalable les deux ou trois arguments centraux de votre démonstration (« unités centrales de sens »), que vous avez identifiés en classant vos idées :

- argument 1
- argument 2
- argument 3

Pourquoi vous limiter à trois arguments principaux, alors que vous en avez amassé une bonne dizaine auparavant ?

Pour deux raisons : d'abord parce que tous vos arguments ne pèsent pas le même poids et qu'il vous faut donc les hiérarchiser (et non les empiler en une énumération sans fin). Ensuite parce que l'attention et la mémoire[1] ne sont pas toujours capables – surtout à l'oral – d'absorber en une seule fois plus de trois idées distinctes (quatre au grand maximum). Au-delà, la capacité d'écoute et d'assimilation chute brutalement. Limitez votre synthèse à trois arguments prioritaires, vous serez mieux compris et surtout mémorisé.

Votre conclusion prend donc la forme du schéma suivant (« structure de but ») :

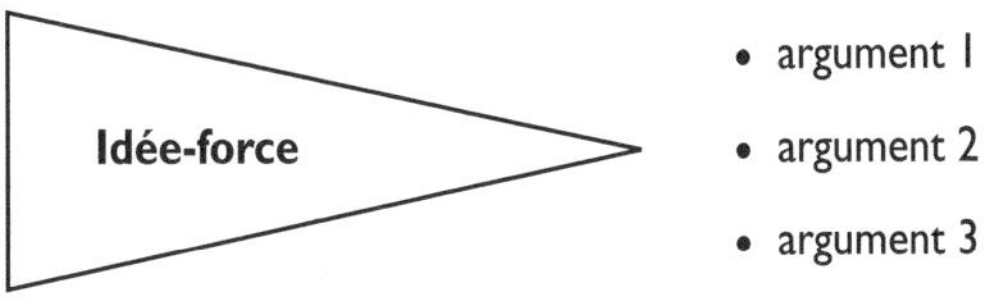

L'ossature de votre raisonnement est à présent en place, dans la hiérarchie de votre choix (classement progressif, chronologique, ORAL' : voir *infra* « Optez pour un plan dynamique »).

Pour rendre votre conclusion *persuasive*, encore faudra-t-il traduire les arguments en *avantages* et en *actions* appropriés à cet auditoire.

Le schéma de votre conclusion devient ainsi :

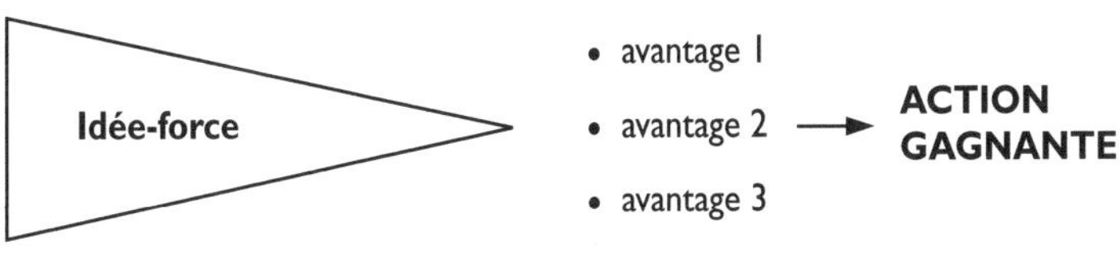

Personnalisez bien les *avantages* pour les rendre spécifiques et formulez-les en positif, c'est-à-dire en termes de résultats atteints.

Indiquez les *actions* escomptées (formulées avec des verbes et précisant le *comment*).

Votre conclusion aura ainsi la rigueur nécessaire pour structurer votre démarche, et la force indispensable pour entraîner l'auditoire.

1. La *mémoire de travail temporaire*, qui permet au récepteur d'opérer un stockage à moyen terme des informations, est vite saturée car très volatile = mémoire-flash.

Elle ne marquera pas la fin de votre intervention, mais le *sommet* : elle en sera d'autant mieux mémorisée[1].

Optez pour un plan dynamique

Vous avez procédé à un « déballage d'idées » et rassemblé les informations utiles à votre exposé. Puis vous en avez dégagé le fil rouge : votre idée-force. Il vous reste à présent à construire un plan qui soit clair, intéressant et convaincant.

Cette étape est décisive car c'est elle qui doit vous permettre de transformer l'essai le moment venu : c'est-à-dire de passer de votre logique (logique de *connaissance* et de *conception*) à celle de votre auditoire (logique de *compréhension* et d'*adhésion*).

Or c'est cette opération de *transformation* qui fait souvent défaut chez les intervenants les plus savants, ce qui rend leurs présentations strictement impossibles à assimiler. Encore moins à s'en convaincre...

Changez de logique

Les idées vous sont venues en vrac et les informations un peu au hasard de vos recherches. Vous les avez couchées sur le papier dans l'ordre d'« apparition à l'écran » de votre réflexion : tel quel, cet ordre n'est évidemment pas communicable ! Vous devez d'abord le transformer. Car une chose est de savoir, une autre est de transmettre. Il vous faut donc changer de logique.

Triez

Pour cela, il vous faut d'abord trier, c'est-à-dire élaguer les idées superflues ou redondantes, ainsi que les informations et détails peu significatifs. Ils vous ont été utiles dans un premier temps – car une idée peut en amener une autre – mais leur trop grand nombre étoufferait rapidement le feu que vous voulez allumer.

---

1. La mémoire privilégie deux temps forts : le début (effet de *primauté*), c'est-à-dire l'introduction, et le plus récent (effet de *récence*), c'est-à-dire la conclusion, qui seront intégrées de manière prépondérante dans la mémoire à long terme. Il est donc essentiel que votre message central soit présent et explicite dès l'introduction et, bien sûr, rappelé fortement dans la conclusion.

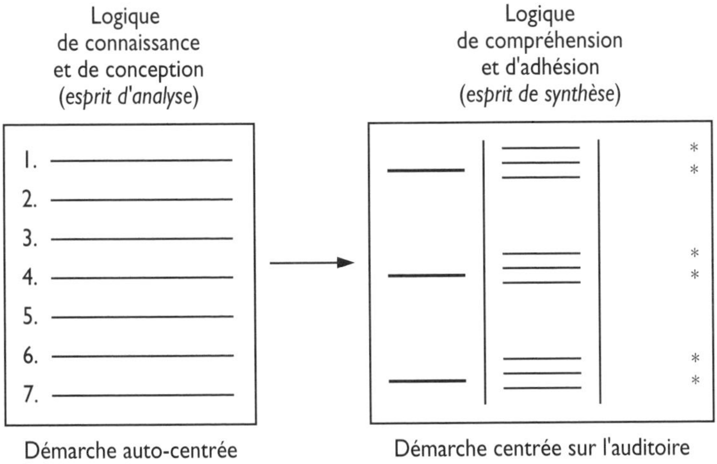

Changez de logique

Souvenez-vous que votre temps d'intervention est lui-même limité, ce qui est raisonnable. Et rappelez-vous la capacité très restreinte de la mémoire humaine, surtout à l'oral : il y a une loi, dite « loi de Miller », qui explique pourquoi la capacité d'écoute et de traitement ne peut excéder 7 (± 2) unités d'informations. Miller a prouvé en effet que le cerveau est incapable d'enregistrer et de traiter dans un même instant plus de 7 (± 2) fragments de sens, soit de 5 à 9 au grand maximum[1].

« Donc je peux tout de même présenter sept arguments ? » me direz-vous rassuré… Hélas non – ou plutôt tant mieux. Car le cerveau a autre chose à faire : il assure « la garde » et se tient vigilant à tout ce qui se présente en même temps que vous parlez, que ces stimuli soient externes ou internes (même s'ils sont dérisoires et sans rapport avec votre éminent propos).

Imaginons (ou rappelons-nous) quelques « distractions » possibles :

- Stimulus externes (exemples)
  - « Tiens, Machin arrive en retard. Comme d'habitude ! »
  - « Vraiment, Martin (l'orateur) a beaucoup grossi depuis quelque temps. »

1. Sa conclusion s'appuie sur de nombreux tests et expériences scientifiques portant sur les capacités d'attention et de mémorisation du cerveau. Miller P. H., *The development of stratégies of selective attention*, 1990.

– « En plus, il n'a même pas l'air d'y croire : il fait une de ces têtes… »
– « Ce qu'il fait chaud dans cette salle, j'ai qu'une envie : enlever ma cravate. »
– etc.

• Stimulus internes (exemples)
  – « J'ai peur qu'il nous embarque dans une sacrée galère. »
  – « Et puis quoi encore, comme si je l'avais attendu pour m'y mettre… »
  – « Il me rappelle mon grand-père, aussi sectaire. »
  – « Il faut absolument que je téléphone d'ici un quart d'heure. »
  – etc.

La liste en serait longue. Visualisons ce phénomène par le schéma suivant.

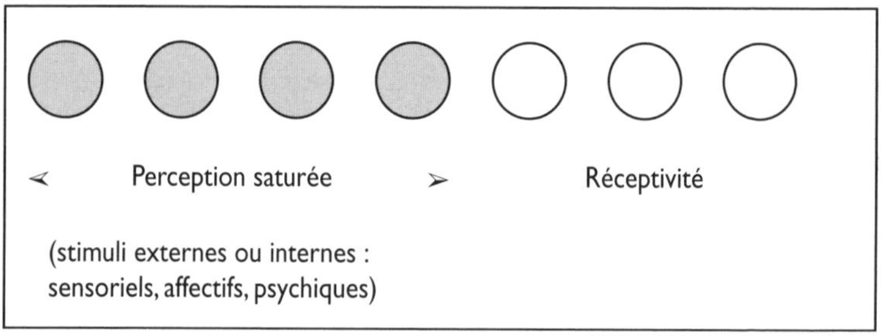

La dispersion de l'attention (loi de Miller)

Remarque : vous avez noté que ce phénomène de « parasitage » émane davantage de l'hémisphère droit que du gauche, qui, lui, réussit à se montrer plus attentif et concentré. Mais la fatigue, l'ennui, la faim, que sais-je, n'épargnent personne. Et tout « écoutant » possède également un cerveau droit…

Vous voici maintenant inquiet : cela veut-il dire que l'on ne peut pas développer plus de trois idées ? Bien sûr que si. Il vous faudra pour cela :

– procéder par *étapes progressives* (ce sera le rôle de votre *plan*),
– *capter* fortement l'attention (l'*introduction*),
– *reformuler* puis *amorcer* (les *transitions*),
– et *faire une synthèse persuasive* (la *conclusion*).

En outre, plus vous captiverez l'auditoire :

– par les images et les mots (le *langage*),
– par vos comportements (le *corps*),
– et par votre expressivité vocale (la *voix*),

plus vous obtiendrez de réceptivité de la part du public, donc d'adhésion.

Surtout si votre *débit* est posé et vos *silences* « ressourçants »...

Remarque : cette même loi de Miller explique pourquoi des visuels surchargés, énumérant toute une cascade d'items, sont impropres à la consommation cérébrale. Procédez progressivement : l'idée centrale et trois ou quatre mots-clés par visuel ! Sinon vous parleriez dans le vide : pour « se protéger », le cerveau disjoncterait sans crier gare. Respectez son rythme de « décodage » séquentiel (cerveau gauche).

Classez et structurez vos idées

Cette opération de *tri*, de réduction de vos idées une fois aboutie, vous devez maintenant structurer ces idées pour les rendre claires et mémorisables. Et pour cela, construire un plan.

Existe-t-il un plan « miracle », universel, qui pourrait vous décharger de ce choix toujours délicat ? Évidemment non, car le plan dépend en réalité de tant de paramètres : le thème lui-même, l'auditoire, l'idée-force... et votre sens personnel de la mise en scène de votre démonstration.

Cela dit, voici plusieurs méthodes entre lesquelles vous pourrez choisir ou que vous pourrez combiner entre elles, dont une qui prend mieux en compte le processus d'assimilation naturel de l'auditoire.

Commençons par un plan couramment utilisé – et malheureusement « subi » par un auditoire lassé.

1. Le plan « technique »

Il consiste à énumérer les idées l'une après l'autre jusqu'à extinction (de voix ? ou des feux de l'attention ?). Bien qu'il procède d'une certaine logique, celle de la pensée technique déjà dénoncée, ce type d'inventaire exhaustif provoque immanquablement l'électroencéphalogramme plat de votre public. L'idée-force ne parvient pas à s'en dégager, ou seulement au moment de la conclusion : trop tard, la partie est perdue, les meilleures volontés ont déjà renoncé.

Tant de *slides* procèdent de cette logique d'empilage fastidieux. Et tant d'auditeurs n'ont comme seul recours que de demander s'il y aura « un document écrit »...

Si vous avez un message à *transmettre* oralement, ne l'enterrez pas vous-même : proscrivez absolument cette démarche élémentaire et soporifique.

2. Le plan « classique »

Ce plan consiste à poser le problème en termes généraux, puis à passer progressivement du général au particulier en plusieurs étapes intermédiaires. Il est une variante du précédent. Là encore, l'ennui et l'oubli nous guettent. L'introduction, trop générale, n'a pas mobilisé notre intérêt, le déroulement des étapes se fait donc dans une écoute tiède, et votre effet de suspense du début fait long feu.

3. Le plan « journalistique » (dit « à l'anglo-saxonne »)

La démarche est exactement inverse de la précédente : elle va du particulier au général. Beaucoup plus vivante, car elle sensibilise dès l'abord, cette démarche procède par élargissements progressifs. Le risque, à l'oral, est de terminer par une conclusion trop « générale » pour mobiliser et entraîner à l'action.

Si, à l'écrit, ce type de plan permet en effet de mettre le sens en valeur et de bien le placer en perspective, la fin d'un exposé oral de cette sorte risque de verser dans l'abstrait et dans la généralité du *discours*. Les capacités d'abstraction d'un groupe sont très limitées car – physiquement et affectivement rassemblés – les auditeurs sont davantage en attente de réponses concrètes et de conseils d'action.

4. Enfin le plan « ORAL' »

Il est le plus persuasif et le plus mobilisateur, car il respecte le processus naturel de l'assimilation (voir *supra*, « la loi de l'adhésion »).

ORAL' : quel « secret » se cache derrière les quatre initiales de ce sigle, réunies en un *acronyme* aussi mnémotechnique que le fameux CQFD de notre scolarité, et derrière cette mystérieuse apostrophe ? Tout simplement :

- O comme Objet : poser la *problématique* à résoudre (quoi).
- R comme Réponse : donner le principe de la *solution* (pour quoi).
- A comme Argumentation : exposer trois *temps forts*, trois exemples (pourquoi).
- L' comme L'action : résumer les *avantages* et aider à *réussir* (comment).

Ce qui permet de proposer le schéma ci-après.

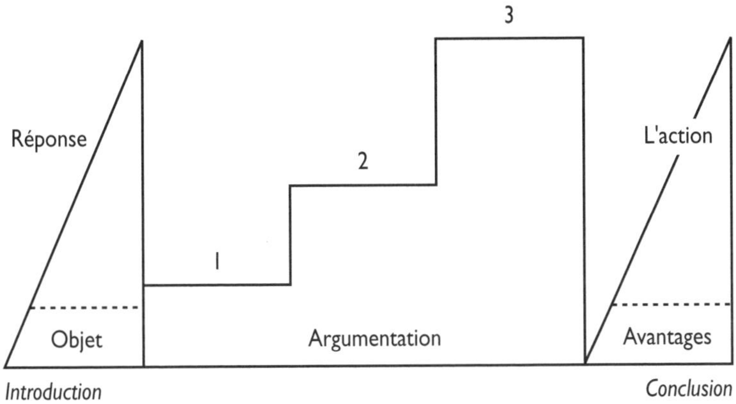

Plan ORAL'

Le mouvement triplement ascendant de ce schéma symbolise bien son caractère dynamique, grâce auquel vous transmettrez mieux votre propre dynamique de conviction.

Éclaircissons ces quatre points.

• O comme Objet

D'entrée de jeu, posez la raison d'être de votre intervention, son « objet », c'est-à-dire ce vers quoi doivent tendre les désirs, la volonté, l'effort et l'action. Il s'agit par exemple :

– de poser la *question* stratégique ;
– de mobiliser autour d'un *objectif* à atteindre ;
– de lancer un *projet* ;
– d'identifier un *problème à résoudre* ;
– d'annoncer une *solution* ;
– d'affirmer une *thèse*, un point de vue ;
– de proposer une *cause* ;
– de relever un *défi*, etc.

Placez haut la barre, c'est précisément ce que désire votre public, qui n'est pas venu là passer le temps mais dans l'espérance secrète d'y gagner « quelque chose »... Plus vous situerez haut l'exigence et plus vous mettrez l'auditoire en appétit et le gagnerez à votre cause.

• R comme Réponse

Au désir que vous venez de susciter, à notre inquiétude aussi, apportez aussitôt la « réponse » qui saura nous intéresser et nous rassurer. En tout cas :

– le *principe* de la réponse apportée ;
– ou la *piste de solution* proposée ;
– ou le *résultat prometteur* à atteindre ;
– ou l'*action mobilisatrice* à engager ;
– ou la *clé de l'innovation* recherchée.

Cette réponse constitue votre *promesse*, celle que vous allez bientôt devoir tenir. Ces deux premières phases (Objet + Réponse), brèves et intenses, qui incarnent précisément votre idée-force, constituent le « nerf » de votre introduction. Désormais, votre public est tout ouïe, il ne vous reste plus qu'à tenir parole.

• A comme Argumentation

Le public est impatient mais vigilant, cerveau droit et cerveau gauche se donnent la main. À vous de tenir votre belle promesse et d'argumenter avec pertinence. Soyez irréfutable et persuasif :

– raisonnement explicatif *pointu* ;
– déclaration *affirmée* ;
– preuve *démonstrative* ;
– intelligence *concluante* de la thèse ;
– force de conviction « *contagieuse* » ;
– etc.

Et n'oubliez pas la « Règle de 3 », soyez synthétique et précis : allez à l'essentiel, limitez-vous à trois arguments majeurs (en commençant par le plus décisif) et assurez-vous qu'ils impliquent fortement le conceptuel, l'émotionnel et le factuel. Vous y serez d'ailleurs aidé en enrichissant votre démonstration d'exemples porteurs d'émotions et nourris de faits. Mettez-vous bien à la portée de l'auditoire, placez-vous de son *point de vue* : ne soyez pas « technique » ni savant, soyez intéressant.

• L' comme L'Action

Nous arrivons à la conclusion. Montez à l'assaut, poussez votre avantage, la victoire est au bout. Pour vous y aider, voici le code du pont-levis :

Avantages + action gagnante

• Avantages : reformulez vos arguments en avantages, c'est-à-dire mettez en valeur les bénéfices que vos interlocuteurs pourront retirer, personnellement et/ou collectivement, de leur adhésion à votre idée-force. Sans être exhaustif – et restant parfaitement crédible – donnez quelques exemples évocateurs de ces avantages attendus.

• Action : c'est bien de cela qu'il s'agit au bout du compte, parler pour faire agir.

– *Demandez* l'engagement de l'auditoire.
– *Impliquez-le* dans une action gagnante.
– *Engagez-vous*, à sa tête ou à ses côtés.
– *Donnez-lui* les instructions essentielles.
– *Rassurez-le* et aidez-le, en lui offrant les *moyens de la réussite*.
– Rappelez-lui la *méthode du succès*.
– Et faites-le *visualiser sa propre victoire*.

Cette conclusion « avantages + action gagnante » vous permettra ainsi d'atteindre votre but prioritaire : faire adhérer et entraîner à l'action, ce qui est votre rôle de manager, de responsable de projet ou de pédagogue (fiche-conseils 9).

Dès l'introduction, motivez et annoncez la couleur

Vient (enfin !) le moment de préparer l'introduction pour en faire le tremplin de votre présentation. Vous commencerez naturellement par celle-ci à l'oral, mais sa mise au point définitive ne s'effectue le plus souvent qu'en fin de phase de préparation.

Cette étape est à la fois délicate et excitante : c'est en effet l'introduction (réussie) qui permet à l'intervenant de passer du silence à la parole, et à l'auditoire de l'attente à la découverte.

Françoise Giroud rappelait à ses journalistes de l'Express « Inutile d'avoir du talent à la cinquième ligne si le lecteur vous a lâché à la quatrième. ». Eh bien, vous aussi, vous voilà condamné à avoir du talent dès les premières phrases, sous peine que l'auditoire ne décroche et retombe en écoute flottante... D'entrée de jeu, vous devrez capter leur attention – et la maintenir en éveil.

Le paragraphe précédent (« Classez et structurez vos idées ») vous a rappelé comment dégager l'axe majeur de votre introduction : *définir l'objet* + *promettre* sa **réponse**.

Vous devrez donc poser la *question* à son exact point d'impact et indiquer la *solution* promise ou recherchée.

Puis annoncez le canevas de votre développement, afin que votre public comprenne l'articulation du raisonnement et libère les « pistes » sur lesquelles vos idées vont atterrir l'une après l'autre.

Mais il manque encore un « détonateur » à votre introduction. Le cerveau n'écoute que s'il en a envie. Freinée par le nombre de participants – ce phénomène s'amplifie en assemblée – l'attention d'un groupe est difficile à mobiliser. Vous devez commencer par une « étincelle », une *métaphore* (ce qu'adore le cerveau droit) : pour créer l'écoute, débutez par un *starter.*

Comme la bande-annonce d'un film, le starter va alerter le cerveau droit – celui qui fonctionne par images-flashes – et joue donc le même rôle que les premières phrases des contes de fée (*Il était une fois...*) ou les paraboles des Évangiles (*En ce temps-là...*). Ainsi procèdent les journalistes, en commençant leur article par une « accroche » ou un titre percutant.

Votre starter va exciter la curiosité du groupe et induire, suggérer l'idée-force que vous voulez développer.

Exemples (en gras figure le mot clé de l'idée centrale) :

- « Un atelier en tôle au fond d'un jardin, c'est là qu'est né, il y a plus d'un siècle, l'ancêtre de l'automobile de **demain**... »
- « "C'est scandaleux, vous ne m'avez pas encore répondu depuis un mois malgré mes appels et mes courriers" : voilà les termes de la lettre que notre service consommateurs vient de recevoir ! Eh bien oui, c'est scandaleux, car notre vrai métier est d'être au **service** du client... »
- Un autre exemple de starter, celui-là destiné à l'écrit : l'anecdote de Victor dans l'introduction de ce livre (« L'**enfant** deviendra grand »).

Mais attention : le starter ne doit jamais être utilisé comme un gag ou un ornement gratuit : il doit toujours être au service du sens et *crédible*.

Remarque : un avantage supplémentaire de ce starter est qu'ainsi vous commencerez de manière spontanée et vraie, au lieu de ces phrases impersonnelles qui sévissent souvent. Votre « trac », votre corps, votre voix s'en trouveront libérés et vous pourrez capter l'attention comme savent si bien le faire les conteurs.

Faut-il rédiger son introduction (et sa conclusion) ?

Si votre anxiété et vos habitudes personnelles vous font préférer rédiger introduction et conclusion – et si cela vous a déjà bien réussi – continuez à appliquer votre méthode. Celle-ci présente cependant trois inconvénients majeurs :

– vous risquez de parler en style écrit ;
– elle vous oblige soit à apprendre « par cœur » (mais alors la peur du trou vous guettera), soit à lire vos notes... ;
– enfin, votre corps et votre voix risquent d'être plus concentrés sur l'effort de se souvenir et de « bien dire » que sur l'envie de manifester votre conviction.

En réalité, rédiger à l'avance est la méthode la plus périlleuse et la plus... stressante. Préparez plutôt avec des mots-clés et répétez pour bien les mémoriser (fiche-conseils 17).[1]

Pensez à vos transitions

Bien des exposés pêchent par manque de transitions, ce qui empêche l'auditoire de comprendre la progression et l'articulation du raisonnement.

Or, ces transitions sont difficiles à improviser : il faut donc les préparer.

Une bonne transition[2] comprend deux éléments : *reformulation* + *enchaînement.*

Reformulation

Pour aider la mémoire à fixer l'idée que vous venez d'expliquer, résumez-la en quelques mots ou illustrez-la par un exemple évocateur.

Enchaînement

Vous devez absolument « amorcer » l'idée suivante pour en faciliter la compréhension. Préparez une courte phrase qui va mettre en évidence le lien logique et relancer l'intérêt.

1. Bien entendu, il est souvent souhaitable de faire précéder son introduction de quelques mots d'accueil ou de remerciement. Ces mots-là partent du cœur : improvisez et dites tout simplement, brièvement, ce que vous ressentez.
2. Elle permet au cerveau de se reposer de son effort d'analyse et de repasser en hémisphère droit pour la saisie globale de l'idée.

Vous avez réfléchi à votre argumentation et à votre idée-force, puis vous avez élaboré introduction, plan et conclusion : comment résumer votre présentation en un aide-mémoire facilement consultable ?

Faites appel à un bon « conducteur »

Si lire à voix haute un texte rédigé est un procédé désagréable pour le public – car extrêmement difficile à rendre vivant –, improviser « à mains nues » serait également un pari risqué où la mémoire pourrait vous jouer quelques mauvais tours : vous retrouver dans le vide au beau milieu de votre démonstration, ou « sauter » un argument essentiel, ou ne plus retrouver sur l'instant votre belle conclusion… Sans parler de l'impression de dilettantisme que vous donneriez en vous présentant « les mains dans les poches ».

Entre ces deux écueils opposés, il y a une méthode efficace et très simple à utiliser.

Elle consiste à préparer des fiches *aide-mémoire* qui, d'un seul coup d'œil, vous rappelleront les mots clés de votre démonstration et vous sauveront de la « panne » de mémoire. Les élèves appellent cela une *antisèche*… Les journalistes (radio, télévision, tables rondes…), qui utilisent couramment cette méthode des fiches, l'appellent un *conducteur.*

Pour cela, prenez une feuille de papier dans la largeur afin de pouvoir y écrire en colonnes (fiche-conseils 10).

• **Dans la première colonne**, inscrivez trois ou quatre mots clés, ceux qui désignent vos *arguments majeurs*.

Ces arguments essentiels correspondent à un *découpage large* de vos idées (plan *panoramique*). N'écrivez jamais de phrase, vous les improviserez en direct, ce qui garantira une expression spontanée : uniquement des mots clés.

• **Dans la deuxième colonne**, inscrivez les *mots* ou les *chiffres-clés* qui précisent vos arguments.

Cette colonne correspond à un *découpage moyen* de vos idées (plan *taille*).

• **Dans la troisième colonne**, repérez les exemples dont vous allez imager vos propos, qui seront autant d'illustrations et de preuves. Un discours sans exemple paraît vite abstrait : ce sont les exemples qui vous permettront de passer des messages *cœur* et *corps* très communicatifs.

Choisissez bien sûr des exemples probants et adaptés à l'auditoire. Vous les exprimerez avec un maximum de concision : pour l'instant, repérez-les sur votre fiche par un mot, un site, un nom, une action...

Dans le schéma, ils sont symbolisés par un astérisque. La troisième colonne correspond à un *découpage serré* (*zoom*).

- **Dans la quatrième colonne**, vous ferez figurer par mots clés :
  - les *reformulations* après chaque idée
  - et les *enchaînements* vers l'idée suivante.

Sur le même principe, vous pouvez visualiser dans une colonne supplémentaire la durée des différentes parties de votre intervention : pour vérifier que vous vous limitez bien au temps imparti, répétez « à blanc », à voix haute, et répérez la durée de chaque partie de l'exposé. Si certains passages sont trop longs, allégez sans hésiter : mieux vaut vous laisser quelques minutes de marge.

Vous voyez que vous avez bien fait d'utiliser votre page (ou votre fiche de bristol) dans la largeur : cela vous a permis de synthétiser visuellement, en quelques colonnes, l'essentiel de votre intervention et d'avoir à disposition un bon « conducteur », prêt à vous relayer au volant en cas de besoin.

Mettez au point des visuels percutants

La plupart du temps, les présentations s'appuient sur des diapos, ou *slides*, projetés sur écran. Excellent : cette façon de communiquer vous oblige à bien préparer et se révèle très efficace... si vous savez bien les concevoir et les faire vivre ! Une fiche entière (n° 11) leur est consacrée. Voici un rappel des points essentiels à respecter absolument :

Visuels *synthétiques* :
- Nombre limité (comptez une moyenne de trois minutes par diaspositive) ;
- Un seul message par *slide* (au besoin, subdivisez en deux *slides* les supports trop chargés) ;
- Lisibles de loin (corps 20 minimum) ;

Visuels *attractifs* :
- Élégants, colorés (sans abus) ;
- Un titre fort et explicite ;
- Des mots-clés (pas de phase), juste quelques chiffres significatifs ;
- Et des schémas (un dessin vaut mieux...).

Sachez les *faire vivre* :

– Vous êtes sur le côté, tourné face au groupe ;
– Vous ne les lisez pas, vous les commentez avec spontanéité et concision (le message/deux ou trois points clés à souligner/un exemple frappant) ;
– Vous faites des silences pour laisser au groupe le temps de découvrir le sens et de réagir.

Vous venez de mettre au point vos idées, les arguments, le plan et les supports : la préparation de la présentation est terminée. À présent, vous pouvez jeter l'encre… Il ne vous reste plus qu'à *vous préparer* vous-même.

Mais d'ici là, voyons d'abord comment préparer (et réussir) une réunion.

9 fiches-conseils

3. *Comment trouver vos idées*
4. *Argumentez « Tête – Cœur – Corps »*
5. *L'oral a sa logique : dire l'essentiel et l'illustrer*
6. *Que l'idée-force soit avec vous*
7. *Dès l'introduction, motivez et fixez le cap*
8. *Rendez votre plan lisible et dynamique*
9. *La conclusion, c'est votre enjeu majeur*
10. *Tout l'exposé tient sur trois fiches*
11. *Soyez visuel, pas « transparent »*

Fiche 3 : Comment trouver vos idées

Avez-vous idée des ressources de votre intelligence et de votre mémoire ?

Voici dix clés pour avoir accès à votre intelligence créative

1. **Amusez-vous à réfléchir le plus tôt possible :**
   ouvrez très vite le « robinet à idées », vous prendrez de l'avance et réduirez votre stress… Fuyez toute censure, vous ferez le tri plus tard.
2. **Procédez en plusieurs étapes :**
   d'abord les idées, le plan ne viendra qu'ensuite.
3. **N'importe où, n'importe quand :**
   faites de la réflexion « buissonnière », à temps perdu (en marchant, en rêvassant, dans la salle de bains, en voiture…).
4. **En zig-zag :**
   les idées viennent – apparemment – en désordre : acceptez cette livraison en « vrac ».
5. **Fixez vos idées :**
   écrivez-les absolument, ou enregistrez-les (votre mémoire pourrait vous trahir : soulagez-la).
6. **Écrivez en mots-clés :**
   jamais de phrase finalisée, qui figerait l'idée et votre expression.
7. **Changez de point de vue :**
   mettez-vous aussi à la place de vos interlocuteurs : prévoyez leurs objections et vos réponses.
8. **Creusez, explorez :**
   recherchez des arguments rationnels, mais aussi émotionnels et factuels, et soyez concret.
9. **Écoutez, lisez, questionnez :**
   faites comme le bon journaliste.
10. **Montez en « hélicoptère » :**
   prenez de la hauteur, filmez de plus haut (vous connaissez chaque arbre, comprenez la forêt).

☞ **Laissez décanter, « oubliez » quelque temps votre préparation. La nuit porte conseil : le sens va émerger et s'ordonner peu à peu.**

Fiche 4 : Argumentez « Tête - Cœur - Corps »

Le Triangle grec (Aristote), clé de l'adhésion

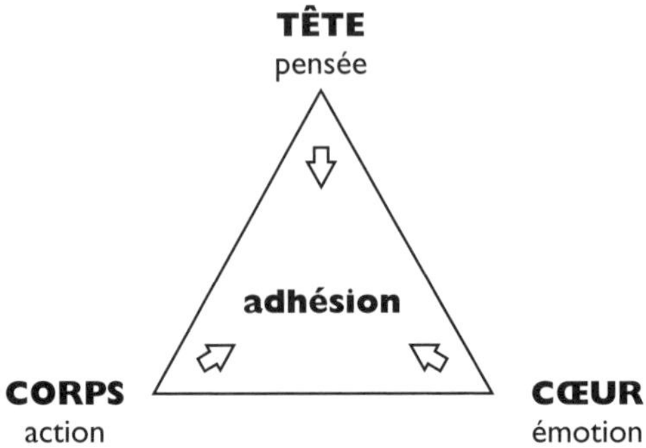

- **TÊTE : approche conceptuelle ou rationnelle**
  vision, concept + logique, théorie
- **CŒUR : approche subjective, symbolique**
  sentiments, valeurs, espérance, intérêts
- **CORPS : approche concrète, opérationnelle**
  action, faits, éléments tangibles, vécu

Les 3 ressorts de l'adhésion

Arguments à dominante Tête, Cœur ou Corps :

Conceptuels	**Émotionnels**	**Réalistes**
vision, rationnel :	*sentiments, valeurs :*	*concret, opérationnel :*
– idées, concepts	– rêve, espérance	– faits, réalités, résultats
– causes, analyses	– sentiments, motivations	– méthodes, outils
– logique, déductions	– intérêts, craintes	– « quoi, pour quoi, quand, où, comment, combien ? »
– système de pensée	– valeurs, cadre de références	
– théorie, raisonnement	– symbolique, mythes, légendes	
– « pourquoi ? »	– relation avec le groupe	– engagements dans l'action
– preuves logiques	– personnes	– preuves tangibles
– etc.	– etc.	– etc.

☞ **Jouez des 3 ressorts, soyez à la fois « Homme de tête, de cœur et d'action ».**

Fiche 5 : L'oral a sa logique : dire l'essentiel et l'illustrer

« Le secret d'ennuyer est de tout dire. »
Voltaire

❍ **Il y a un temps pour l'analyse** = votre logique de préparation
Empiler et déduire (processus exhaustif, pensée scientifique, technique).

Liste des courses

1. ____________
2. ____________
3. ____________
4. ____________
5. ____________
6. ____________
7. ____________
8. ____________

▼ Conclusion

*esprit d'**analyse***
= démontrer

❍ **Et un temps pour l'esprit de synthèse** = votre bilan pour l'oral
Rendre clair et illustrer (l'essentiel : idée-force, trois arguments clés, exemples + avantages).

Susciter lintérêt		✶ *starter* [1]	
		▼ **Idée-force**	
Synthétiser (règle de 3) et illustrer	**1er argument**	____________	
		____________	* *exemple*
	2e argument	____________	
		____________	* *exemple*
	3e argument	____________	
		____________	* *exemple*
Résumer, intéresser et impliquer	**Avantages**	▲ **Action**	**Moyens**
		✶ *podium* [2]	

*esprit de **synthèse***
= montrer

1. *Starter* : accroche, **amorce de l'idée-force** (exemple, anecdote, image).
2. Podium : faire **visualiser la victoire,** l'image du but atteint.

☞ **Pour préparer un « *pitch* » court, clair et persuasif : faites-vous, comme les journalistes, un *conducteur* synthétique (mots-clés).**

Fiche 6 : Que l'idée-force soit avec vous

Pour donner du sens, allez droit au but et dégagez l'idée-force : c'est votre vérité première.

❍ **Stop ! Plus jamais ça**
Finis les discours où l'on ne sait pas où ça va, les arguments empilés dans le vide et les exposés où l'on ne comprend qu'à la fin... (donc trop tard).

❍ **La technique « Columbo » : donner la clé de l'énigme**
Le spectateur connaît l'assassin avant de savoir comment celui-ci sera démasqué.
Le public devient alors le *supporter* du détective, se laisse captiver et l'accompagne dans son enquête...
Donnez-nous d'emblée la clé de votre exposé.

❍ **Identifiez votre idée-force** (esprit de synthèse)
- Quel est l'essentiel de votre message, son sens profond ?
- À quoi exactement voulez-vous nous sensibiliser ou nous faire adhérer ?
- S'il n'était possible de dire qu'un titre, ou une seule phrase qui résumerait votre pensée, quelle serait cette phrase ?

❍ **Aimez votre idée-force**
- Elle doit vous convaincre pleinement, sans réserves.
- C'est votre *cœur* de message, votre intime conviction.

❍ **Dites-la trois fois dans votre présentation**
Dès l'introduction, dans le corps de l'exposé et dans votre conclusion.
(À l'écrit, la répétition est vite lassante ; à l'oral, elle est indispensable.)

❍ **Et formulez cette idée avec... force**
Une phrase courte, avec un verbe, des mots forts ou imagés, centrée sur le résultat à atteindre et formulée en positif.

Un exemple
Vous souhaitez convoquer un groupe à une réunion d'innovation. Il y a deux façons : un intitulé vague et dissuasif (ex. : *Réunion d'innovation*) ou un titre qui donne envie de venir à vos participants.
Exemple de formulation en trois mots : *Innovons en équipe !*

☞ **Le public doit tout de suite capter votre idée-force et la retenir. Dites-la trois fois : dès l'introduction, en la développant et à la fin.**

Fiche 7 : Dès l'introduction, motivez et fixez le cap

Tout se joue dès l'introduction.
Elle doit comporter un *starter*, l'idée-force et l'annonce du plan.

❍ **Captez l'attention et motivez**

- Le premier rôle d'une introduction est de capter l'attention et de donner envie d'écouter la suite : c'est l'« accroche ».
- Pour « mettre en route » l'intelligence d'un groupe, il lui faut en effet un *starter* : commencez par un exemple fort, une comparaison ou une image frappante qui concerne de près et touche ce public donné.
- Ce *starter* peut être surprenant, émouvant, humoristique... Par exemple une anecdote de réussite, un contre-exemple, une métaphore.
  Mais un *starter* ne doit jamais être factice, ni « rigolo ».
- Le *starter* est en réalité votre message mis en image : il peut donc porter sur la problématique à résoudre, sur le projet, la solution visée, l'action ou la méthode.
  Chargez-le toujours d'une émotion vraie, elle nous touchera.

❍ **Fixez le cap avec l'idée-force**

- Votre introduction doit exposer votre thèse pour préparer une bonne réception de l'argumentation : annoncez la couleur.
- Si vous voulez ménager un « suspense », fixez cependant le cap, c'est-à-dire le principe de la solution ou les résultats escomptés.
- Travaillez votre formulation en choisissant les mots avec soin, et mémorisez bien vos deux ou trois premières phrases...

❍ **Et donnez le fil rouge** en annonçant le plan

- L'idée-force est une forme de promesse. Il faut aussitôt rassurer : vous avez de solides raisons, qui vont démontrer cette idée (le plan).
- Évoquez en quelques mots les grandes étapes de votre raisonnement en vous limitant à trois arguments pour qu'ils soient bien mémorisés.

☞ **Ainsi vous commencerez de façon vivante, claire et structurée. Le public sera à l'écoute, et votre trac deviendra spontanéité.**

Fiche 8 : Rendez votre plan lisible et dynamique

Pour être bien comprises et acceptées, vos idées doivent s'organiser selon un plan clair et dynamique.

❍ **Existe-t-il un plan passe-partout ?**
Heureusement non. Choisissez le plan qui correspond le mieux à la fois à votre objectif, à l'idée-force et à votre auditoire.

❍ **Quatre types de plans**

1. **Plan *technique*** : il déroule toutes les idées de façon logique et exhaustive (revue de détail).
2. **Plan *classique*** : il va du général au particulier et l'idée-force est remplacée par la trinité thèse/antithèse/synthèse (hors sujet dans une présentation incitative !).
3. **Plan *journalistique*** : il va du particulier au général, l'événement illustre le concept.
4. **Plan *dynamique* : ORAL'**
   O bjet : poser la *problématique* à résoudre (quoi)
   R éponse : donner le principe de la *solution* (pour quoi)
   A rgumentation : exposer les *trois temps forts* et, pour chacun, un *exemple* (pourquoi)
   L' action : résumer les *avantages* et aider à *réussir* l'action gagnante (comment)

Le plan technique ne convient que pour quelques informations pratiques car il lasse vite, se mémorise mal et mobilise peu l'auditoire. Le plan ORAL' est, de loin, le plus **mobilisateur.**

❍ **Le nombre d'arguments : la « règle de 3 »**
Limitez-vous impérativement à trois idées maximum dans le développement : à l'oral, un public prend difficilement en compte plus de trois idées à la fois. C'est comme ça.

❍ **Sujet sensible**
Y a-t-il du « négatif » à désamorcer sur ce thème ? Déblayez d'abord les réticences prévisibles *(purgez)*, pour vous montrer ensuite positif et engageant.

❍ **L'ordre des idées**
Commencez par l'argument décisif qui fera tomber les barrières, ou bien montez peu à peu en puissance pour créer une dramatisation (effet de *suspense*).

☞ **Le plan établi, il vous reste à élaborer votre conclusion avec soin.**

Fiche 9 : La conclusion, c'est votre enjeu majeur

La conclusion est la *fenêtre stratégique* de l'adhésion.
Elle doit mobiliser, en transformant l'idée-force en action.

❍ Le rôle de la conclusion

La conclusion est un acte de parole majeur : c'est l'enjeu même de la présentation, ce qu'on doit retenir et mettre en œuvre.

Elle doit donc :

- **synthétiser** les arguments (reformulés en avantages) ;
- **recentrer sur l'idée principale** et la traduire dans l'action ;
- **entraîner l'adhésion** et donner l'envie d'agir.

Or la conclusion est souvent bâclée, ou faussement rhétorique…

Une conclusion ne s'improvise pas : mettez-la au point – et répétez-la – soigneusement.

❍ Sachez faire une conclusion incitative

- Rappelez les **arguments essentiels**, que vous reformulerez ainsi une troisième fois.
- Traduisez vos arguments en **avantages** pour vos interlocuteurs.
- Trouvez un raccourci saisissant, une **formule « choc »** qui synthétise le cœur du message : c'est ainsi que vous frapperez l'intérêt et la mémoire.
- **Incitez à l'action**, en précisant les principaux points de cette action gagnante et les moyens d'y parvenir.
- **Concluez** brièvement (la « chute ») :
  - faites visualiser par une image le résultat atteint (*podium*) ;
  - ou revenez en positif à votre starter d'introduction : « cliquet anti-retour », qui fixera la mémoire par une image de succès ;
  - ou bien terminez sur une formule percutante.

❍ Enfin, faites silence

- N'ajoutez rien, ce serait dommage. Évitez les platitudes telles que : « *J'ai essayé de vous démontrer* », « *Voilà ce que je voulais vous dire…* »
- Et si vous souhaitez remercier, soyez simple et concis : « Merci ! »

☞ **La conclusion est votre temps fort : elle n'est pas la fin, mais le point culminant de votre présentation.**

Fiche 10 : Tout l'exposé tient sur trois fiches

Tout le canevas de votre exposé est sur ce *conducteur*, synthétisé en trois fiches lisibles d'un seul coup d'œil.

❍ Fiches synoptiques : remplacez les symboles et les traits **par vos mots-clés, classés par colonnes** (c'est le *conducteur* des journalistes). Numérotez vos fiches.

❍ **Choissez bien chaque terme.** Et écrivez gros : ainsi, vous serez à l'abri d'un « trou ».

Introduction

Développement

Conclusion

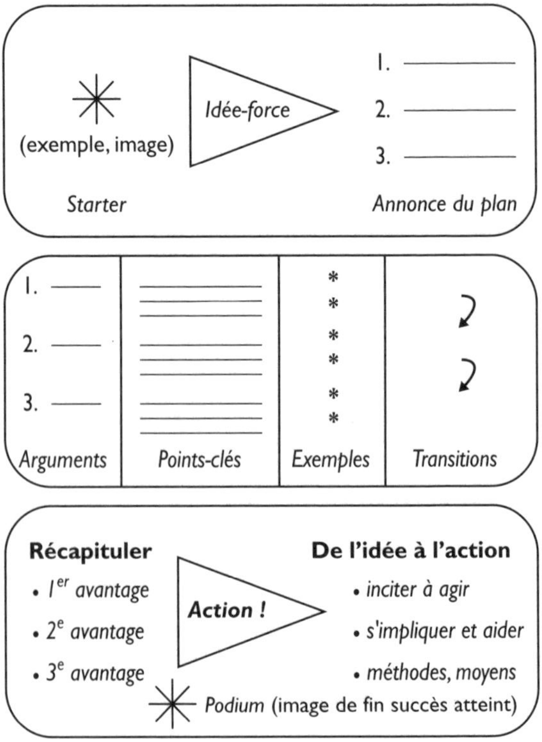

❍ Utilisez des fiches bristol, plus fermes et maniables que du papier, révisez votre aide-mémoire une dernière fois avant de commencer et posez-le sur le côté : vous êtes prêt.

☞ **Avec ce canevas, vous avez les idées claires et vos mots essentiels sont en place. Vous voilà rassuré, libre d'improviser *sur des rails.***

Fiche 11 : Soyez visuel, pas « transparent »

L'impact des visuels dépend de leur concision – et de vous. C'est vous qui « conduisez » : ne récitez pas, faites-les vivre.

❍ **L'intérêt d'un support visuel**

- Il joue sur un deuxième registre, le canal visuel : effet d'insistance et de répétition, qui évite la déperdition du message.
- Il capte l'attention de l'auditoire et concentre votre message.
- Il fait visualiser vos idées, vos arguments et… vos schémas (cerveau *visuel*).
- Mais énoncez l'introduction et la conclusion « à mains nues », sans *slides*.

❍ **Mettez au point des visuels synthétiques…**

- Nombre limité (mieux vaut alterner avec des échanges) : prévoyez trois minutes par *slide*.
- Un seul message par visuel : les idées une par une.
- Caractères très lisibles de loin (corps 20 minimum), lignes aérées.
- Si c'est dense, séquencez les idées par clics successifs (personnaliser l'animation).
- *Moralité* : en fin de *slide*, résumez l'idée par une formule brève.

❍ **… et attractifs**

- Ils sont élégants et colorés, mais sans abuser du nombre de couleurs (deux suffisent).
- Fond clair ou sombre (éviter les valeurs moyennes, où le texte ne tranche pas assez).
- Un titre fort : verbe d'action, formule imagée, qualificatif motivant.
- Quelques mots-clés, pas de phrases : vous êtes à l'oral, pas à l'écrit.
- Très peu de chiffres : seuls les chiffres significatifs à commenter.
- Et des schémas : un dessin parle et se mémorise mieux que les mots !

❍ **Faites-les vivre : jamais de mot à mot**

- Un visuel, ce n'est pas une *antisèche*… Préparez une fiche à part : les deux ou trois points clés à souligner + un exemple marquant.
- Au lieu d'attendre chaque nouveau visuel pour nous le lire, annoncez-le.

❍ **À chaque visuel…**

- Faites d'abord un silence pour nous laisser découvrir le sens, et commentez-le.
- Placez-vous près de l'écran, tourné face au groupe, et parlez de côté.
- Pour faire le noir à l'écran : raccourcis « N » (noir) ou « point-virgule ». Afficher un écran blanc : « B » (blanc) ou « virgule ».

❍ **Accessoires**

- Utilisez une commande à distance, vous serez plus à l'aise dans vos gestes.
- *Pointeur* : seulement pour un schéma très détaillé. Reposez-le après.

☞ **Évitez d'être *transparent* : soyez imagé, concis et vivant.**

Chapitre 3
Réussir sa réunion

« Quand un homme rêve seul, c'est un songe.
Qu'ils soient plusieurs à rêver et c'est une réalité. »
Armand Gatti

Rude constat

Parler en public, cela ne se fait pas que face à un grand groupe ou à une assemblée. Quand vous réunissez votre équipe ou un groupe de travail, vous parlez aussi « en public ».

Parlons donc des réunions : 80 % du succès d'une réunion dépend de la qualité de sa *préparation.*

Jour après jour, au travers des organismes et des entreprises, les gens se réunissent et consacrent une part importante de leur temps et de leur énergie à ces réunions.

Imaginez le fantastique capital d'*intelligence collective* ainsi déployé – et les mille et un exploits ainsi préparés en secret.

Et pourtant, dans la majorité des cas, les mêmes se plaignent de la relative inefficacité de ces réunions et de la perte de temps qu'elles leur occasionnent !

Voyons comment remédier à cet écueil.

Prise de conscience

De plus en plus, les entreprises prennent conscience qu'il n'est pas simple en effet de travailler ensemble, à la fois pour ceux qui animent ces réunions – dont le rôle est considérable et délicat – et pour les participants eux-mêmes, mal préparés à se montrer en groupe des partenaires adultes, solidaires et innovants. Pour tout dire, beaucoup sont eux-mêmes conscients d'un manque de professionnalisme dans la conduite de ces réunions.

Il est vrai que, culturellement, nous avons été en France davantage habitués à réfléchir et à travailler individuellement qu'en groupe – et que par ailleurs beaucoup de « chefs de service » se figurent encore qu'une réunion se limite à un exposé informatif *descendant*, suivi d'un bref *tour de table* plus ou moins consensuel ou polémique…

Étonnez-vous, avec ces deux handicaps, que nous passions souvent à côté de la ressource immense de l'intelligence plurielle.

La plupart des entreprises ont réagi et forment leurs managers et leurs équipes. Plusieurs d'entre elles ont commencé par le commencement, en faisant procéder à un audit de leurs pratiques de réunion, à la fois sur les méthodes et les comportements de l'animateur et des participants.

C'est ainsi que j'ai souvent l'occasion d'assister en tant qu'observateur à des réunions de comités de direction, ou bien de coacher tel ou tel manager pour l'aider à préparer et animer une réunion stratégique. Le constat de maladresse est partout présent : en matière de réunion, nous avons décidément tous beaucoup à apprendre.

Les principaux griefs à l'égard des réunions

À les observer ou à entendre les griefs exprimés, voici l'essentiel des points à améliorer. Ils sont variés et… nombreux :

Concernant l'animateur

- celui-ci est souvent peu formé et n'a pas assez préparé sa réunion
- il organise des réunions perçues comme inutiles ou sans suite visible
- l'ordre du jour n'est trop souvent adressé que la veille au soir ou le matin même
- l'ordre du jour est trop chargé : réunions à objectifs multiples, d'où risque de confusion
- les horaires de début et de fin ne sont pas respectés

– les réunions sont bavardes et trop longues
– absence de règles du jeu dans le mode de travail et de relation dans le groupe
– absence ou carence d'animation
– imprécision des objectifs et des rôles
– pas de compte rendu, ou transmis trop tardivement
– manque de suivi et de pilotage des actions concertées en réunion
– absence d'évaluation des résultats ou complaisance excessive
– convocations sèches, voire dissuasives...

Concernant les participants

– groupes hétérogènes ou implication insuffisante de certains participants peu concernés
– manque de visibilité sur les enjeux
– certains arrivent « les mains dans les poches », sans réflexion préalable ni propositions
– quelques comportements peu responsables qui freinent le groupe : *inertie*, *mauvaise foi* ou *manipulation*, *tentatives de règlements de comptes*
– tendance à « jouer personnel » plutôt qu'à faire avancer le jeu commun
– peu d'audace, d'innovation
– *peur* de déplaire, d'être jugé ou remis en cause... ou, à l'inverse, attitudes d'*esbroufe*.

D'où la frustration qui ressort fréquemment et le sentiment d'« être passé à côté de quelque chose » qui aurait pu être plus performant. C'est dire l'importance du rôle de l'animateur – et de la qualité de la préparation de ses réunions.

Réunion et gestion du temps

Combien de fois a-t-on entendu cette phrase dans les couloirs : « *Ici, la "réunionite" c'est une vraie maladie*... » Et beaucoup de déclarer que leur manque de temps est dû à un nombre excessif de réunions.

Cette réaction est paradoxale, car s'il y a une façon de travailler et de communiquer qui est un grand « économiseur de temps », c'est bien la réunion. Dynamiser une équipe de huit personnes et plus, ou décider ensemble le lancement d'un projet important, en seulement une heure et demie ou deux heures, quel réel gain de temps pour chacun des acteurs concernés !

La réunion, outil majeur du management

La culture des entreprises a heureusement évolué et reconnaît aujourd'hui la valeur du travail en équipe et de l'excellence partagée. Avec le développement des organisations *matricielles*, du management transversal et le nombre grandissant d'équipes pluridisciplinaires dans la conduite des projets, la réunion est – enfin – devenue le « vaisseau amiral » de la performance des entreprises.

Encore faut-il que les animateurs sachent bien préparer et mener ces séances – et ne pas se tromper de réunion.

Il y a réunion et réunion

L'un des constats que j'ai pu faire, dans l'entreprise puis en tant que coach ou consultant, est que chaque animateur a tendance à adopter une seule et unique manière d'animer toutes ses réunions, quels qu'en soient les contextes, les publics et les objectifs. Oubliant ainsi – comme certains orateurs – que chaque intervention en public a sa spécificité et qu'elle nécessite une approche, des méthodes et un style appropriés.

Ainsi, ne pas confondre :

- réunion d'*information* et réunion de *participation ;*
- réunion d'*expression* et réunion de *production ;*
- réunion d'*innovation* et réunion de *décision ;*
- réunion de *travail* et réunion de *projet ;*
- réunion de *créativité* et réunion de *plans d'action ;*
- réunion *stratégique* et réunion de *lancement*...

Et ne pas non plus provoquer de réunion à contretemps ou sans objet.

Le plaisir d'être ensemble est un puissant facteur de productivité à condition d'être canalisé vers un objectif précis, pour lequel l'animateur aura sérieusement réfléchi et soigneusement préparé son rôle. C'est l'objet de ce chapitre de l'y aider[1].

---

1. Le mode d'*animation* de ses réunions constitue à lui seul la matière d'un livre entier : il en existe d'excellents (ex. : R. Moulinier, *Mener une réunion efficace*, Éd. d'Organisation, 1999). Dans les pages et les fiches qui suivent, vous trouverez cependant un grand nombre de conseils sur le *rôle* et les *fonctions* de l'animateur, les méthodes d'*animation* et de nombreuses techniques de *travail en groupe*.

Une réunion, ça se prépare (sérieusement)

« Ne pas prévoir, c'est déjà gémir. »
Léonard de Vinci

Le but de la réunion

Ce qui vous aidera à *cibler juste* votre réunion, c'est d'avoir bien pris conscience de la raison essentielle pour laquelle vous avez décidé de l'organiser. Souhaitez-vous, par exemple :

- rassurer une équipe inquiète et la remotiver ?
- *ou* la mobiliser sur un enjeu stratégique ?
- *ou* prendre le pouls du groupe sur un sujet sensible ?
- *ou* trouver ensemble des solutions pour résoudre un problème ?
- *ou* faire valider une décision importante ?
- *ou* impliquer les participants dans un changement d'attitude, de procédure ?
- *ou* les amener à innover dans leur organisation, leurs méthodes ?
- etc.

La définition précise de votre but vous donnera l'intuition juste sur la manière de concevoir la réunion et sur le rôle que vous aurez à y jouer.

Les phases de maturité d'un groupe

S'il n'est pas conduit avec doigté et fermeté par son animateur, le groupe peut vite manquer de maturité dans ses réactions et comportements. Le plus souvent, en effet, un groupe passe par quatre phases successives[1] :

1. ***Forming*** : les individus se sentent **isolés**. Puis ils se rapprochent : le groupe se forme lentement et gagne peu à peu en cohésion.
2. ***Storming*** : des membres entrent en **conflit** pour le contrôle des opérations et le *leadership* : prises de pouvoir, constitution de clans, passivité, fuite.
3. ***Norming*** : les membres négocient leurs relations, éprouvent envers les autres des sentiments **positifs** : méthodes de travail, normes de comportement avec autrui.

1. D'après B.W. Tuckman, adapté par Sashkin et Morris, *Organizational Behavior Concepts and Experiences*, Reston Pub Co, 1984.

4. ***Performing*** : le groupe a enfin atteint sa phase de maturité et d'efficience, il est devenu une **équipe** adulte : performance individuelle et collective, implication forte. L'équipe fait preuve de **créativité**, de coordination et de **solidarité.** (Jusqu'au prochain *storming* ?)

N.B. : ces phases successives, ainsi que leur chronologie, sont habituelles mais pas obligatoires…

Le rôle de l'animateur

En quoi est-il important – et délicat ? Tour à tour, vous devez en effet :

- créer un climat favorable, présenter le sujet et préciser l'objectif recherché ;
- informer, expliquer et, selon le cas : rassurer, responsabliser ou motiver ;
- présenter la règle du jeu, le plan et les méthodes de travail en équipe ;
- favoriser l'expression, la production d'idées et la créativité du groupe ;
- veiller à ce que chacun s'exprime : écouter, questionner, clarifier, reformuler ;
- noter au paperboard, faire des synthèses partielles, recentrer la discussion ;
- relancer les échanges et poser les questions *déclenchantes* ;
- faciliter la production sur le plan psychologique et approfondir chaque point abordé ;
- faire prendre conscience de ce qu'il se passe en relation avec le problème posé ;
- supprimer les blocages, atténuer les conflits, réguler les comportements ;
- faire aboutir la réunion sur des décisions et des plans d'actions précis ;
- obtenir l'adhésion de tous et l'implication de chacun ;
- énoncer les conclusions, faire la synthèse en fin de réunion et la faire valider ;
- fixer les rendez-vous suivants, remercier le groupe et préparer le compte rendu…

Bref, agir tour à tour sur les trois leviers (« fonctions ») d'une animation réussie : *produire*, *faciliter* et *réguler* (fiche-conseils 12). Quel beau métier !

De réunion en réunion, vous aurez fait progresser votre groupe.

Pour préparer votre *rôle*, consacrez une heure à réfléchir soigneusement à la bonne approche, aux étapes et aux méthodes que vous mettrez en œuvre. Et pour cela, constituez-vous votre *guide d'animation*.

Le guide d'animation

« Si je n'avais qu'une heure pour entreprendre une action,
j'analyserais la situation pendant 45 minutes,
je prendrais ma décision en 5 minutes
et j'organiserais l'action dans les 10 minutes restantes. »
Albert Einstein

Dans le même esprit que le « conducteur » de vos présentations, faites-vous un guide d'animation synthétique, sur lequel vous ferez figurer sous forme de mots-clés l'essentiel des éléments de votre réunion (fiche-conseils 13).

Thèmes de la réunion

Dans la première colonne, mentionnez le ou les thèmes à traiter lors de cette réunion (mots clés) et leur ordre : c'est votre *ordre du jour* ou votre « agenda ».

Objectifs à atteindre

Un ordre du jour qui se contente de lister les thèmes à aborder en réunion n'est ni suffisamment explicite ni motivant. Il vous faut donc identifier l'objectif à atteindre en fin de réunion pour chacun des thèmes. Le moment venu, en réunion, vous écrirez le(s) objectif(s) au paperboard, puis les afficherez afin qu'ils servent de « fil conducteur » pour les participants tout au long de la réunion. Un moyen très pédagogique, afficher le « TOP » de la réunion, écrit en quelques mots bien lisibles :

Thème (de quoi il va être question)
Objectif(s) (ce qu'il faudra atteindre)
Plan (les étapes, avec leurs durées).

Résultats attendus

Un objectif de réunion ne se comprend que s'il est exprimé sous forme de résultats et avec un verbe d'action : soyez précis, ambitieux et réaliste. Ces résultats attendus sont ce que l'on appelle aussi les « points de sortie » de la réunion : les *livrables* (formulez-les du point de vue des participants).

Méthodes d'animation

Vous n'allez pas vous contenter de leur faire un discours, n'est-ce pas ? Vous allez également être *participatif*, favoriser l'*interactivité* avec et dans le groupe et le faire *produire*, *imaginer*, *décider* et *valider*.

À chaque objectif de réunion, ses méthodes. Soyez flexible d'une réunion à une autre et d'un objectif à l'autre.

Questions à poser

Animer un groupe, c'est déclencher son intelligence par les questions appropriées. Or, vous savez bien que la réponse – un peu comme dans un référendum – dépend de la manière dont la question est posée. La formulation juste d'une question ne s'improvise pas facilement « à chaud » : préparez-la, c'est-à-dire rédigez-la. En particulier, écrivez *au mot près* la question que vous poserez pour animer un brainstorming.

Méthodes de travail en groupe

Si vous ne faites pas partie du triste club des animateurs voués au seul *tour de table*, soyez pédagogue et un peu créatif dans le choix de vos méthodes de travail en groupe ! Voulez-vous des exemples de méthodes ? Voici une « boîte à idées », que vous pourrez d'ailleurs enrichir : la liste n'est pas exhaustive...

• Quelques méthodes de travail en groupe

Pour varier et (re)dynamiser vos réunions :

- *Travail en binômes ou trinômes*
- *Travail en petits groupes (ateliers)*
- *Études de cas (professionnels ou analogiques)*
- *Jeux de rôles, simulations*
- *Utilisation de la vidéo (analyse ou formation)*
- *Jeux pédagogiques (adaptés à l'objectif)*
- *Témoignage d'un expert*
- *Invitation d'un Candide*
- *Projection d'un film, d'une vidéo*
- *Animation déléguée : « Carte blanche donnée à... »*
- *Méthode Méta-Plan ou des « post-it »* (fiche-conseils 14)

– *Brainstorming*
– *« Scénario du diable » ou contre-brainstorming*[1]
– *« Trigger » ou « méthodes "post-it" »* (fiche-conseils 14)
– *Théâtre : scénarisation d'enjeux, sketches…*
– *Séquences de créativité* (fiche-conseils 16).

Horaires et durées

Attention : vous comptez respecter les horaires et la durée de la réunion (d'ailleurs les participants vous guettent au tournant) ! Alors soyez très réaliste dans le *budget-temps* que vous affectez à chaque phase de la réunion. Ne « chargez pas trop la barque » comme c'est souvent le cas : mieux vaudrait terminer la réunion un peu plus tôt que (trop) tard…

Dispositif de salle et équipements

Nous rappelons ce point pour mémoire, car il n'a pas lieu de figurer dans votre guide d'animation : vous l'avez déjà réglé en prévoyant l'organisation matérielle de la réunion. Les différents conseils concernant ces éléments essentiels – ils conditionnent la dynamique de groupe et le climat de la réunion – vous ont été indiqués dans le premier chapitre.

Bien démarrer la réunion et la conclure

La première minute est, comme toujours, décisive : c'est elle qui *dispose* – bien ou mal – l'attitude à venir du groupe et qui fixe la barre au bon niveau. Prenez le temps d'y réfléchir, de visualiser votre début d'intervention, et argumentez sur les *enjeux* de cette réunion. Plus l'objectif vous est familier et plus vous devez prendre la peine de le clarifier pour les participants et de le leur « vendre ». C'est à cette seule condition que leurs neurones tourneront au bon régime.

Inscrivez donc les quelques mots clés de votre introduction sur une fiche à part et ajoutez-y une accroche, un *starter*, pour commencer la réunion de façon vivante et illustrer l'objectif principal.

De même, la conclusion de la réunion ne doit pas se faire à la sauvette : sachez la terminer en beauté par un bilan, des décisions, une pespective

1. Vous animez le brainstorming à partir de la question « inverse », par exemple : « *Quelles sont les meilleures façons possibles de saboter efficacement la réussite de notre projet ?* ». C'est curieux comme, instantanément, les cerveaux deviennent inventifs… Il ne vous reste plus qu'à rétablir chaque idée en positif.

qui a du souffle et... un compte rendu synthétique dès le lendemain (fiche-conseils 15).

Chaque réunion a ses « règles du jeu »

Il est surprenant que les animateurs proposent si rarement à leur groupe une règle du jeu de la réunion. Cette règle leur paraît sans doute implicite, mais ce n'est pas forcément le cas du groupe ! Et c'est cette absence de règle du jeu qui crée le plus souvent des perturbations dans les comportements ou qui provoque des phénomènes de groupe négatifs (manque d'écoute, inertie, bavardages, hostilité, « fermeture », etc.). Alors que c'est si simple, et si rassurant pour les participants, de leur proposer quelques repères de comportement en groupe.

Autre avantage d'une règle du jeu claire et acceptée : 95 % des risques de perturbation se régleront d'eux-mêmes, sans que vous ayez à intervenir (ou bien en *sifflant les hors-jeu* courtoisement, ou avec humour). Il y a donc rarement besoin de faire de « discipline » : il suffit, d'une part, d'avoir un objectif de travail accepté par tous et, d'autre part, de disposer des deux « armes magiques » que sont la montre et une bonne règle du jeu (fiche-conseils 16).

La règle du jeu en créativité

Peut-être serez-vous amené à animer un jour une séance de créativité ? Au minimum, il vous arrive dans certaines réunions de susciter une phase de brainstorming. Dans ce cas, il y a une règle du jeu impérative à établir et à faire respecter par les participants : « CQFD » (voir également en fiche-conseils 16).

Et... la convocation ?

Terminons par ce point que vous aurez résolu... bien à l'avance, n'est-ce pas ? Quinze à dix jours avant la date – et non pas la veille au soir ! Merci pour eux.

Mais, au-delà de la date d'envoi, je dois dire que j'ai trop rarement lu ou reçu une « convocation » réussie, c'est-à-dire claire et motivante. Son rôle est en effet de montrer à ceux qui la reçoivent en quoi la réunion est importante *pour eux*, afin qu'ils aient envie de se préparer et d'y participer, au lieu d'y venir à reculons comme des âmes en peine. Faites donc un petit effort d'imagination pour mieux *convier* vos invités en les sensibilisant sur un objectif opérationnel motivant. N'oubliez pas qu'en réalité la réunion commence, dans leur tête, dès votre convocation.

Enfin : dans le cas de réunions régulières

Il vous arrive sans doute d'animer fréquemment des réunions avec le même groupe. Pour combattre l'effet de lassitude qui peut survenir à la longue et pour maintenir un haut niveau d'efficacité collective, voici quatre conseils :

- **variez vos méthodes de travail en groupe** (reportez-vous à la page 60) ;
- **améliorez vos performances d'animateur** : formez-vous, préparez-vous, évaluez-vous, pratiquez et... prenez du plaisir ;
- **améliorez vos performances de durée** : abaissez au maximum vos temps de réunion, devenez collectivement plus concentrés, plus concis et plus efficients ;
- **consacrez chaque semestre** une partie de réunion à l'examen critique et à l'amélioration de l'efficacité de vos réunions : styles, méthodes, règle du jeu... Donnez-vous une « Charte » formelle de fonctionnement en groupe (même teintée d'humour).

Ainsi, vos réunions ne seront-elles plus une corvée mais un moment fort, productif et motivant !

5 fiches-conseils

12. *Les trois fonctions d'un animateur*
13. *Une réunion, ça se prépare (guide)*
14. *Les « post-it » au service de vos idées*
15. *Comment démarrer la réunion et la conclure*
16. *Fixez les règles du jeu*

Fiche 12 : Les trois fonctions d'un animateur

Voici les trois leviers sur lesquels vous allez jouer tour à tour.

❍ **Production** (s'organiser pour atteindre l'objectif)

Au démarrage :

- Poser le cadre et rappeler les horaires de chaque étape de la réunion.
- Fixer les objectifs à atteindre et bien les clarifier.
- Proposer une méthode de travail et vérifier l'adhésion de chacun.

En cours de réunion :

- Intervenir (ponctuellement !) pour faire avancer le groupe : donner un avis, des idées neuves ou des pistes de solutions.
- Faire des synthèses partielles pour passer à l'étape suivante et… gérer le temps.
- Mettre en évidence les points de divergence puis de convergence (bases de l'accord).

À la conclusion :

- Faire le bilan des résultats obtenus par rapport aux objectifs visés.
- Formaliser les décisions prises, organiser les suites et fixer les rendez-vous.
- Puis faire le compte rendu (et le transmettre à J + 1 dernier délai).

❍ **Facilitation** (faciliter l'expression de chacun, la relation et les échanges)

- Détendre l'atmosphère et mettre les participants à l'aise.
- Organiser la prise de parole et veiller à ce que chacun puisse s'exprimer.
- Mobiliser le groupe, mettre de la logique dans la production et recentrer le débat.
- Écoute active : questionner, clarifier et reformuler.
- Encourager le réservé, freiner l'envahisseur et modérer le passionné.

❍ **Régulation** (dénouer les points de blocage)

- Réduire les tensions, atténuer les différends et supprimer les blocages individuels.
- Mettre provisoirement l'objectif de côté pour s'intéresser à la qualité de la relation.
- Face à un contradicteur, chercher à comprendre le niveau où se situe son objection et discerner son intention positive (faire levier sur le positif).
- En cas de hors-jeu, rappeler les règles.

N.B. : Vous pouvez déléguer production et facilitation, par exemple, l'animation d'ateliers de travail.

La **régulation** est la seule fonction que vous ne pouvez jamais déléguer au groupe.

☞ **Produire, faciliter, réguler : vous êtes sans doute plus à l'aise dans l'une de ces fonctions. Développez les deux autres, toutes trois sont essentielles.**

Fiche 13 : Une réunion, ça se prépare

Travailler en groupe, ça n'est pas évident :
le résultat de votre réunion dépend de votre préparation.

Guide d'animation

Thèmes *(ordre du jour)*	**Résultats attendus**	**Animation** *(varier les styles)*	**Méthodes de travail** *(en groupe)*	**Horaires** *(durée)*
Exemple				
L'information entre services, équipes-projets	Faire produire au groupe des solutions neuves concernant : – .... –	• Exposé incitatif • Animation créative, participative puis persuasive	• Exposé : les enjeux • Brainstorming (*trigger*) • Décisions, actions, RV	9 h 00/15 min 9 h 15/30 min 9 h 45/30 min 10 h 15/15 min Total : 1 h 30 min
Votre prochaine réunion				
....	....	....	....	...../..... ...../..... ...../..... ...../..... ...../.....

☞ **Un groupe, c'est délicat, et une réunion peut être lourde d'enjeux : n'improvisez pas. Chaque réunion est différente : suivez le guide !**

Fiche 14 : Les « post-it » au service de vos idées

Vous voulez rendre le groupe positif, créatif et qu'il s'engage. Il y a une méthode simple, qui le motivera à passer à l'action.

La méthode du *trigger*[1] : dans l'esprit du *brainstorming*, voici une méthode aisée pour déclencher et concrétiser la production d'un groupe. Durée : de 1 heure à 1 heure 30 minutes.

1. **Projetez votre groupe dans l'avenir** par une question-déclic qui suppose le résultat atteint : « *Nous sommes dans x mois : le projet "Y" a parfaitement réussi ! Comment avez-vous contribué concrètement à sa réussite ?* »
2. **Chacun a devant soi une pile de post-it** : il remplit en silence autant de papiers qu'il a d'idées. Une seule idée par **post-it** : une phrase simple avec un verbe (éviter les mots vagues comme *implication*, *motivation*...), écrite lisiblement. Une deuxième idée : un deuxième papier, etc.
3. **Tour de table des idées** : à tour de rôle chaque participant lit une seule idée à la fois. Puis nouveau tour de table, etc. Si une idée a déjà été exprimée, l'intéressé passe à l'idée suivante. Et ainsi de suite jusqu'à épuisement progressif des idées de l'ensemble du groupe. Pas de commentaires : le groupe écoute chacun en silence. (Afficher les post-it au tableau.)
4. **Classement des idées en grands thèmes** : décollez et réorganisez les *post-it* en demandant au groupe de dégager deux ou trois grands thèmes permettant de regrouper les idées avec cohérence. (Vous y avez réfléchi avant : aidez le groupe au besoin.) Fixez le nombre de thèmes en fonction de la taille du groupe, inscrivez-les au tableau et précisez bien le sens à donner à chaque thème.
5. **Travail en sous-groupes** : créez un sous-groupe par thème, en lui affectant tous les post-it correspondants. Chaque sous-groupe traite la totalité des idées de son thème, en les structurant. Il peut également rebondir sur ces idées et les approfondir.
6. **Restitutions en plénière** : les porte-parole présentent au tableau la synthèse de leur groupe. Enrichissements, puis validations en plénière. S'il y a lieu, précisez les plans d'action.
7. **Plans d'action** : faites participer tout le groupe ou créez un petit groupe par action choisie. Dernière synthèse en plénière : finalisez les plans d'action et vérifiez le consensus du groupe.

☞ **Un groupe ne manque pas d'idées : tout est question de méthode.**

1. *Trigger* : gâchette, déclic.

Fiche 15 : Comment démarrer la réunion et la conclure

Expliquez l'objectif et donnez la méthode : le groupe sera motivé.

DÉMARRER Clarifiez ces points clés dès le début de la réunion : ce sont des repères indispensables pour déclencher la mobilisation d'un groupe.

- **Pour quoi ?** **Objectif de la réunion** : le définir précisément (et l'afficher) en l'exprimant en termes positifs de résultat à atteindre. Puis le valoriser, le « vendre » en s'appuyant sur les enjeux. **Enjeux collectifs** pour l'entreprise, le service, l'équipe ou le projet : ce sont eux qui donnent du sens et de l'intérêt à cette réunion.
- **Quoi ?** **Production attendue** de la réunion (les « livrables »), ce qu'il est question de faire. Ex. : émettre des idées, informer, innover, décider, organiser…
- **Avec qui ?** **Nouveaux acteurs** de la réunion (pour un groupe qui se forme) : mettre en valeur les compétences, les expériences des nouveaux membres.
  Votre statut dans cette réunion : par exemple, responsable, facilitateur, référent…
- **Jusqu'où ?** **Contraintes** : budget, cohérence vs stratégie, faisabilité, effectifs, délais…
  Cadre de décision : qui va décider au final, et quand ?
- **Comment ?** **Méthodes de travail**, en les variant au maximum à chaque étape.
  Règles du jeu : écoute, implication, esprit constructif…
- **Quand ?** **Durée** de la réunion : rappeler l'heure de fin et s'y tenir, à cinq minutes près.
- **Attitude** Volonté de clarté, d'efficacité et confiance : il y a un pilote dans l'avion.

CONCLURE **Terminez la réunion en beauté.**

- **Bilan et décisions** : on ne retient que les décisions…
  - Faire le bilan résultats/objectifs visés.
  - Formaliser les décisions prises, les suites, les rendez-vous.
  - La réunion est finie, donc tout commence… Donner du souffle !
    Et remercier les participants : ils vous ont offert du temps et de l'intelligence.
  - Puis faire le compte rendu et la fiche de suivi dès le lendemain.

☞ **Le groupe aura du talent si vous lui dites *pour quoi* et *comment*.**

Fiche 16 : Fixez les règles du jeu

Voici quelques règles de comportement en groupe, utiles à rappeler en début de réunion.

❍ **Réunions de travail**

Quand il n'y a pas de règle commune, un groupe part vite à vau-l'eau (et des perturbateurs peuvent en profiter).

Si au contraire vous instituez (ou rappelez) des règles du jeu claires, le groupe s'y conformera volontiers. Et, si besoin, vous pourrez rappeler à l'ordre le perturbateur sans autoritarisme.

Exemple de règles du jeu :

- **On peut tout dire mais restons dans le sujet.**
- **Tout le monde a le droit de parler.**
- **On s'écoute d'abord, même si l'on n'est pas d'accord.**
- **La critique est utile si elle est constructive.**
- **Soyons concis : pas d'intervention trop longue.**
- **Soyons force de propositions, pensons « solutions ».**
- **Et n'oubliez pas de rallumer vos portables à la pause...**

❍ **Réunions de créativité**

À l'opposé des réunions classiques, les séances de *brainstorming* nécessitent des attitudes et comportements très spécifiques : lâcher-prise, effervescence émotionnelle et cérébrale...

Instituez la règle du « CQFD »[1] : son principe consiste à **différer tout jugement**, afin que le groupe *ose* libérer intelligence émotionnelle et imagination.

Règle du « CQFD »

- **C** : **Censure abolie**

Proscrire toute censure dans le groupe (remarques, mimiques, intonations) et toute autocensure.

Ex. : « *J'ai peur d'être ridicule...* ».

- **Q** : **Quantité d'abord**

C'est de la quantité d'idées produites que pourront émerger une ou deux idées de qualité.

- **F** : **Farfelus bienvenus**

Oser la fantaisie, l'idée folle... Il sera toujours temps d'assagir les idées (après).

- **D** : **Démultiplier, démultiplier**

Une idée en cache souvent une autre : rebondir, ricocher sur l'idée des autres et sur les siennes.

☞ **Le groupe jouera le jeu s'il en connaît les règles. Faites-les respecter.**

---

1. Selon la formule d'Hubert Jaoui, spécialiste en créativité.

Chapitre 4

Répéter et se préparer mentalement

« Vous ne pouvez pas avoir de pain sans cuisson ;
la connaissance est l'eau, le corps est la farine
et l'émotion… c'est le feu. »
Georges Gurdjieff

Rassurez-moi : avant chaque intervention importante (présentation, réunion), vous répétez, n'est-ce pas ? Vous n'y allez pas « la fleur au fusil » ?
Vous avez bien raison, car si vous ne répétiez pas, vous prendriez tous les risques…

Répétez

Comme les sportifs, les acteurs et les chanteurs répètent : c'est ce qui leur permet d'être au point le jour J ou lors du tournage d'un film. Répéter les aide également à conjurer leur appréhension, cette part de « mauvais » trac qui peut encore subsister en eux : car répéter c'est déjà passer à l'action et, ainsi, dissiper ses dernières peurs.

Il y a deux manières de répéter efficacement (la première n'excluant pas la seconde) : le « galop d'essai » et la « répétition générale ».

Faites un « galop d'essai »

Avant la compétition, les cavaliers font un galop d'essai, les pilotes un « tour de chauffe » et, avant d'être engagés, les comédiens font un « bout d'essai »…

Faites comme eux : répétez à *blanc*. Cela ne vous prendra que quelques minutes.

- Isolez-vous, pour ne pas être dérangé, car cette répétition n'est pas muette (comme la précédente) mais *sonore*.
- Dites en effet votre introduction à voix haute : lancez votre voix et soutenez le volume. Faites la « mise en bouche » des passages importants – ou délicats – de l'exposé. Et impérativement de la conclusion : elle doit être l'apogée de votre intervention. Ralentissez votre débit, affirmez, articulez, ponctuez et faites silence.
- Cette « mise en bouche » tonique aura sans doute libéré votre corps et vos gestes : en même temps que vous parlez – face à un auditoire imaginaire – procédez à une bonne « mise en mains » : laissez vos gestes, votre visage traduire vos intentions et votre implication. Joignez le geste à la parole !

Cette étape de « galop d'essai » est très efficace pour renforcer l'énergie et l'envie de passer à l'action (les plateaux de cinéma et les coulisses de théâtre sont habitués à cette pratique d'acteurs qui, juste avant de jouer, s'isolent pour mieux « se chauffer » et sentir monter en eux l'élan du bon trac, celui de l'adrénaline).

Faites une « répétition générale »

Si votre intervention a lieu sur scène et nécessite un équipement technique (projections, micro, etc.)[1], ou si vous devez intervenir en assemblée, à l'occasion d'une conférence ou d'une manifestation importante (convention, congrès, table ronde…), il est indispensable que vous répétiez dans le lieu avec l'ensemble des intervenants et l'équipe technique.

- Préparez-vous d'abord, faites votre propre galop d'essai puis répétez en grandeur nature avec toute la logistique. Rappelez-vous ce conseil de Brassens : « Sans technique un don n'est qu'une sale manie ». C'est vrai que la technique ne s'improvise pas, quel que soit votre talent…
- Faites-vous aider par un spécialiste ou un collègue avisé qui vous conseillera. Il sera votre coach, votre metteur en scène.
- Sur ses indications, reprenez tel ou tel passage et perfectionnez la forme ou le fond. Cette étape peut être très fructueuse : si vous faites une erreur, une maladresse, ce n'est pas grave, la répétition

1. Se reporter aux conseils d'utilisation donnés dans le chapitre 1.

générale sert aussi à cela. Répéter, c'est faire ou vérifier tous ses « réglages ». Demain, vous serez au point (fiche-conseils 17).

Le mental est votre force

Grâce à la répétition, votre « partition » est au point, mais comment se sent l'interprète ? Avez-vous le moral ? Et vos nerfs vont-ils tenir le coup ?

Comme en sport, vous savez bien que c'est le *mental* qui fait souvent la différence...

Le mot mental renvoie au mot esprit (*mens, mentis* en latin). Il désigne la capacité que l'esprit a en effet d'anticiper et d'imaginer l'avenir, à condition de se déconnecter provisoirement du rationnel. Vous avez reconnu là le talent spécifique du cerveau droit.

Avoir accès au mental – le rationnel a suffisamment travaillé dans la phase structurée de préparation – devient maintenant votre priorité. C'est lui qui va en effet conditionner votre succès.

Comment ?

En détectant vos ressources et en les *programmant* : vous allez vous-même constituer votre « logiciel » de réussite. Votre cerveau droit est votre programmateur : c'est lui qui va vous faire gagner.

Voici comment « mettre en route » votre mental.

Visualisez votre réussite

Votre cerveau droit ayant la faculté d'anticiper, et cela de manière quasi permanente, le risque est grand qu'il imagine le pire (rappelez-vous que ce cerveau n'est pas raisonnable du tout). Pour peu que le cerveau gauche lui souffle ses doutes et lui rappelle les risques de cette intervention en public...

Il vous faut donc impérativement dépasser cette tendance souvent négative à peupler « l'écran noir de vos nuits blanches » d'images-catastrophe. Pour cela : appeler à la rescousse la mémoire de vos succès précédents et inventer, construire votre propre scénario de réussite, celui qui se termine en *happy end*.

C'est ainsi que procèdent les sportifs de haut niveau qui, au-delà de leur préparation technique, pratiquent systématiquement un entraînement mental, que l'on nomme « répétition mentale » ou *visualisation positive*.

LE RATIONNEL

- Barrières logiques
- Temps séquentiel (le présent n'est pas l'avenir)
- Évaluation des risques
- Mémoire analytique
- Évaluation des sens
- Conscient

Processus
rationnel
(cerveau gauche)

LE MENTAL

- Visualisation positive
- Temps global, associé (c'est arrivé demain...)
- Activation des ressources
- Mémoire sensible
- Sens et sensations
- Subconscient[1] puis conscient

Processus
mental
(cerveau droit)

Deux processus cérébraux distincts

Pour accéder à son mental, il faut débrancher le rationnel : lâcher prise.

Voici comment réussir cette démarche capitale de visualisation qui va vous amener à votre meilleur niveau : elle s'appuie sur votre corps (le sensoriel), votre respiration (l'air), votre mémoire (l'émotionnel) et votre imagination (le cerveau droit).

Ces quatre instruments majeurs vous seront nécessaires et suffisants pour être en même temps le personnage principal et le réalisateur (car, bien sûr, c'est vous-même qui vous mettrez en scène).

Tout d'abord : lâchez prise et respirez

Avoir accès à vous-même passe en effet par un « lâcher prise », qui va vous aider à court-circuiter le processus rationnel (cerveau gauche) et surmonter l'obstacle des souvenirs d'échec (cerveau droit)[2].

1. Ici le mot subconscient renvoie à ce que Freud a nommé le *préconscient*, « passerelle » entre inconscient et conscient.
2. Reportez-vous aux « mécanisme hormonal d'échec » et « mécanisme hormonal du succès » du chapitre suivant. Nous y sommes pleinement.

Lâcher prise

Cette étape prioritaire passe par une action simple, qui procure un grand soulagement.

– Se « poser » : acceptez tout votre poids, sans tension musculaire.
– Videz l'air : soufflez (la bouche entrouverte).
– Fermez les yeux pour vous connecter à vos sensations de détente progressive (ressentez votre corps par l'intérieur), relâchez vos épaules, vos bras et vos mains.
– Peu à peu, ralentissez le rythme de votre respiration, qui devient plus calme, plus profonde, plus calme, plus profonde...

Respirer

- Lorsque nous sommes préoccupés ou contrariés, nous respirons mal car nous respirons « à l'envers ». C'est-à-dire que nous bloquons notre respiration vers le haut de la poitrine, à hauteur des épaules, et coinçons ainsi notre colonne d'air. Ce mode de respiration atrophiée, provoqué par l'excès de stress, est encore accentué par la culture latine qui privilégie la « carrure » et le thorax : rappelez-vous certains cours de gymnastique...
- Bien respirer, c'est en réalité vider l'air et respirer *par le bas*, comme nous le faisons naturellement en dormant. Regardez un enfant qui dort : c'est son ventre qui se soulève et s'abaisse, rythmant lentement le flux (l'inspir) et le reflux (l'expir) de sa respiration.
- Donc descendez le plus bas possible votre respiration, jusqu'au ventre et au bas-ventre, là où se trouve le *hara*[1], centre énergétique majeur, véritable clé du mental et de la « force tranquille ».
- C'est ce que l'on fait spontanément en riant, en soufflant, en soupirant, en bâillant, en s'étirant (et en dormant), comme le font les animaux à longueur de journée.
- Vider l'air permet d'obtenir presque instantanément une meilleure détente corporelle, nerveuse et de libérer une grande énergie (fiche-conseils 23).

1. Le *hara* (terme transcrit du japonais que l'on connaît mieux sous la forme extrême du harakiri) est situé quelques centimètres en-dessous du nombril. Se *centrer* est le b-a-ba des arts martiaux, de la plongée sous-marine, de l'accouchement sans douleur et du yoga : « prenez-vous pour le nombril »... de votre corps, *centrez-vous*.

Puis se relaxer

La visualisation positive suppose de prolonger ce premier travail de lâcher prise et de respiration par une phase de relaxation.

Or, la relaxation n'est pas seulement un moment de détente très régénérant ; c'est surtout un puissant moyen de modifier l'état de conscience du cerveau, en le mettant dans un « intervalle » de conscience qui lui donne accès à ses ressources mentales, à son énergie et à son imaginaire (le cerveau droit est désormais libre).

La raison de cette transformation effective est tout simplement... électrique. Qu'en est-il ?

Le cerveau produit en effet de l'électricité (ce que mesure l'électro-encéphalogramme) en fonction du rythme auquel il travaille. Selon l'activité que nous lui confions et l'état dans lequel nous nous plaçons, il va produire des ondes d'intensité variable :

- **Rythme bêta** : faible amplitude et fréquence élevée : 14 Hz (soit 14 oscillations par seconde). Le rythme bêta correspond à l'état de veille, lorsque la personne a les yeux ouverts (cette fréquence augmente sensiblement avec l'angoisse, jusqu'à 51 Hz).

- **Rythme alpha** : amplitude un peu plus grande mais fréquence plus lente (8 à 13 Hz). Les ondes alpha correspondent à une faible activité sensorielle (la personne est éveillée mais a les yeux fermés). Ce rythme alpha marque un état de veille « diffuse », de calme et de relaxation, propice à l'imagination, à la créativité et à la concentration.

- **Rythme thêta** : amplitude identique mais fréquence encore plus lente (4 à 7 Hz) : perte de conscience du monde extérieur et ralentissement du rythme cardiaque.

Ce rythme thêta correspond à l'état de méditation profonde et au premier sommeil.

• **Rythme delta** : l'amplitude est plus grande mais la fréquence est encore plus faible (de 0,5 à 3,5 Hz) : l'inconscience est totale, respiration et rythme cardiaque sont à leur minimum.

Ce rythme marque le sommeil profond (c'est aussi celui du coma et de l'anesthésie générale)[1].

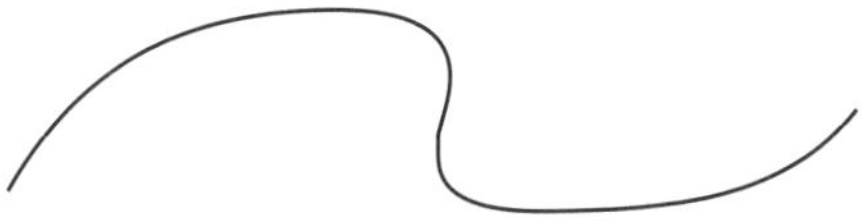

Vous l'avez compris : si les ondes thêta et delta correspondent au sommeil, les ondes bêta marquent l'état de veille et de stress, et les ondes alpha celui de la relaxation.

Ce rythme alpha est précisément celui dont vous avez besoin pour accéder à votre mental, par la relaxation.

Pour parvenir à vous relaxer, voici deux techniques efficaces :

Assis en « cocher de fiacre »

- Asseyez-vous les pieds bien appuyés sur le sol et les jambes un peu écartées, posez les avant-bras sur les cuisses et inclinez le buste vers l'avant (la nuque détendue).
- Maintenez cette position en fermant les yeux pour mieux vous isoler (si vous êtes en public : mettez votre regard dans le vide) et laissez votre respiration devenir plus calme et plus profonde.
- En deux ou trois minutes, vous aurez « fait le vide » et vous vous serez connecté à votre mental.
- C'est précisément ce que font les sportifs, par exemple au tennis entre deux sets ou à la boxe entre deux reprises.
- Et c'est cette posture que recommande le neurologue allemand, J.H. Schultz, spécialiste de la relaxation et inventeur du célèbre « training autogène ».

1. J'emprunte ces précisions à Italo Ricci, dans son cours sur *La mémoire et sa méthode*, paru aux Éditions Fabbri (réalisation Easy-Life-Rome), 1992.

La posture du « cocher de fiacre » est aisée en tout lieu et à tout moment : elle ne nécessite que peu de temps et ne favorise pas la somnolence.

NB : Bien que cette position soit déjà relaxante, si vous souhaitez une variante plus confortable, asseyez-vous dans un fauteuil à dossier haut : appuyez bien votre dos et votre tête au dossier, le menton détendu vers le bas, la bouche légèrement entrouverte et les bras relâchés sur les cuisses. Là encore, fermez les yeux pour passer plus rapidement en état de veille diffuse, l'état alpha, qui est également celui de l'*auto-hypnose*[1].

Allongé sur le dos

Déconnecter complètement notre conscience logique nécessite un temps de relaxation un peu plus long (de l'ordre de 12 à 15 minutes) ; la position sur le dos est la position de relaxation idéale.

- Choisissez un endroit isolé du bruit, placé dans la pénombre, et allongez-vous sur le dos : tapis, moquette, natte ou tapis de gymnastique (évitez de vous allonger sur un lit ou un canapé, un confort moelleux risquerait de vous entraîner au sommeil, ce qui n'est pas l'objectif…).
- Écartez un peu les jambes (vous avez enlevé vos chaussures, votre veste, vos lunettes, votre montre), détendez les bras le long du corps, les paumes des mains légèrement ouvertes vers le ciel : « épousez bien » le sol en ressentant son contact dans tout votre corps.
- Fermez doucement les paupières pour vous isoler des informations externes, entrez en « conscience interne » et sentez votre corps devenir lourd.
- Connectez-vous à votre respiration, laissez-la vous bercer paisiblement.
- Puis projetez-vous mentalement dans un environnement particulièrement agréable pour vous, où vous vous sentez pleinement détendu et en sécurité : cet endroit peut être remémoré ou imaginé (ce qui compte, c'est qu'il vous soit totalement bienfaisant : un sous-bois ombragé, une crique isolée, un coin dans la montagne, un tapis devant un feu de cheminée, bien au chaud sous la couette…). C'est votre refuge, votre havre de paix idéal.
- Voyez mentalement les images de votre lieu idéal (formes, couleurs, lumières, paysages…), entendez les bruits de ce lieu (silence, vent, vagues, ruisseau, rires, musiques et tous les bruits de la nature environnante) et sentez le sol, les matières (mousse, terre, sable…) et les odeurs subtiles qui parviennent à vos narines.

---

1. Une suggestion personnelle faite en auto-hypnose (état α) peut modifier l'activité des commandes neurobiologiques par « transduction » (transmission de l'information aux cellules). « L'auto-hypnose installe une passerelle entre le corps et l'esprit », Revue *Psychologies*, mai 1998.

– Enfin ressentez les sensations qui vous gagnent : liberté, soulagement, repos, bien-être, sérénité, paix profonde… Goûtez un peu à ces douces sensations et restez en contact avec votre respiration, si calme…

Il semble que vous voilà déjà bien relaxé ! Donc prêt à activer vos ressources mentales.

Accéder à ses ressources positives

Visualiser en positif, ce n'est pas imaginer l'impossible, c'est se centrer sur son possible. C'est-à-dire construire à partir de ses ressources propres.

Voici comment procéder :

- Profitant de votre état relaxé (alpha), concentrez-vous maintenant sur une situation, professionnelle ou extra-professionnelle, où vous avez réussi à prendre la parole en public en vous sentant convaincant, persuasif et « bien » vis-à-vis de vous-même.
- Revivez cette situation au présent et représentez-vous les images, les sons et les ressentis qui l'accompagnaient. Vous y êtes ? Retrouvez le plaisir éprouvé lors de cette réussite.
- Puis demandez-vous quelles ressources vous ont permis de réussir ce jour-là : maîtrise, calme, énergie, créativité, plaisir, confiance en vous, simplicité, enthousiasme, etc ? En tout cas, identifiez une ou deux ressources personnelles et vérifiez mentalement que ce sont bien celles qui avaient permis votre succès.
- Voilà : en puisant dans la réalité de votre expérience, vous avez pu accéder à vos ressources propres. Ce sont les mêmes sur lesquelles vous allez pouvoir construire votre réussite de demain, grâce à la visualisation positive (fiche-conseils 18).

La visualisation des sportifs

C'est en effet ce que font les sportifs à la veille d'une compétition. Ils ont certes soigneusement repéré le parcours et les obstacles qu'ils auront à franchir – comme vous-même avez soigneusement préparé le contenu de votre intervention et la réponse à de possibles objections.

Puis, après s'être relaxés et avoir actualisé leurs ressources – comme vous venez de le faire –, ils s'entraînent mentalement en imaginant comment ils vont réussir demain. Ils se représentent les différentes étapes : par exemple, pour un skieur, les portes successives de la descente. Une par une, ils les franchissent mentalement, rectifient leur geste technique, leur style, jusqu'à réussir un slalom impeccable. Ils gagnent dans leur tête, avant la course.

Inventez le film de votre victoire

Faites comme eux, et vous m'en direz des nouvelles... Toujours bien relaxé, en paix et fort de vos ressources, inventez le film de votre victoire, celui dont vous allez être demain le héros.

Votre scénario doit être à la fois réaliste et optimiste : visualisez son déroulement, étape après étape, sur grand écran.

- *Voyez*-vous entrer et vous installer. Projetez votre propre image sur l'écran, avec votre silhouette et vos expressions de visage. Et représentez-vous votre auditoire : voyez-le s'installer et se faire soudain attentif.
- *Entendez*-vous commencer votre introduction, développer chaque argument et conclure chaleureusement. Entendez votre voix, vos mots, vos silences.
- *Sentez*-vous agir : sentez de l'intérieur vos regards, vos gestes, votre envie d'intéresser et de convaincre. Associez-vous avec votre corps, mettez-vous « dans la peau du personnage ». Et améliorez telle ou telle attitude en transférant vos comportements-ressources dans la situation à venir.
- Visualisez des réactions d'intérêt, d'approbation dans le public : vous voyez bien que les participants ont de plus en plus envie d'être convaincus.
- « Assistez » également à la discussion qui va suivre votre exposé : anticipez les questions, les doutes, voyez-vous et entendez-vous répondre de manière calme et constructive. Améliorez s'il le faut votre attitude, vos réactions.
- Regardez-vous prendre congé et sentez-vous le faire sereinement.
- Décidez de fixer dans votre mémoire les meilleures images de ce film, qui deviennent ainsi vos ancrages positifs.
- Puis étirez-vous et bâillez, c'est fini : vous venez de réussir.

Bien entendu toutes ces images visuelles, sonores et ces sensations vous sont venues à l'esprit de manière un peu décousue, par flashes, et pas forcément dans l'ordre défini. C'est un effet de la nature : le cerveau droit ne sait pas faire autrement que de projeter des images fragmentées et de procéder en discontinu, par « sauts de puce ».

Cela vous suffira amplement, car ces images en éclats seront assez fortes pour se fixer dans votre mémoire et assez riches pour constituer les repères nécessaires à votre réussite. Un peu comme un minimum de « prises », placées aux bons endroits, suffisent à l'alpiniste pour gravir la paroi.

Il est normal pour celui qui pratique pour la première fois ce type d'entraînement mental, que les « images » ne lui viennent que fugitivement. Ce qui compte, c'est d'abord de mettre la méthode en pratique une fois, deux fois : peu à peu le cerveau droit s'enhardira et tournera à plein régime. En attendant, procédez par séquences brèves, espacées sur quelques jours : introduction / développement / conclusion / débat (fiche-conseils 18).

Vous venez de réaliser votre (premier ?) entraînement mental. C'est-à-dire que vous avez réussi à déconnecter votre conscience logique – votre cerveau gauche n'y a vu que du feu –, à vous « ressourcer » et à programmer comme les champions les conditions de votre succès. Parallèlement, vous avez enclenché le mécanisme physiologique du succès (grâce au système parasympathique de la récompense et à son escorte d'alliés endocriniens)[1].

D'un cœur plus léger, il ne vous reste plus qu'à éteindre votre écran virtuel et à revenir à la réalité. Comment ? En vous concentrant.

Concentrez-vous

Sans doute est-ce une concentration insuffisante qui stresse et pénalise le plus les débutants.

Se concentrer, c'est s'isoler de l'environnement et se centrer en soi (conscience interne) : c'est aussi faire abstraction du résultat et ne mobiliser son énergie mentale que sur *l'action à accomplir.*

- Plutôt que de vous disperser et de vider votre énergie en allers et retours impatients ou en conversations superficielles – ce n'est vraiment pas l'heure des mondanités – votre priorité à présent est de calmer le jeu des nerfs et des neurones et de vous recueillir tranquillement un bon quart d'heure.

  La méthode est simple : ses modalités vous sont précisées dans la fiche-conseils 19.
- Comme il vous est conseillé, centrez toutes vos facultés sur un seul élément : l'action à réaliser.
- Visualisez la réussite de cette action en vous sentant porté par vos ressources propres : « ça passe ! »
- Vous êtes à présent en possession de vous-même et serein.

Certaines personnes préfèrent à la concentration et au silence se livrer à une intense activité physique et se dépenser bruyamment (c'est ainsi que j'ai eu un jour à diriger un comédien qui avait l'habitude d'aller « gueuler un bon coup » au fond des coulisses avant d'entrer en scène).

---

1. Augmentation des taux d'adrénaline puis de testostérone, noradrénaline et dopamine, et réduction de l'inhibition par diminution du taux de cortisol.

Si ce type de méthode vous réussit, pourquoi pas ? De là à vous la recommander…

L'immense majorité des comédiens, au contraire, viennent au théâtre une à deux heures avant le lever du rideau : une fois habillés et maquillés, ils se concentrent dans leur loge, les yeux fermés et laissent monter lentement en eux le calme et la passion. Puis ils se lèvent et s'échauffent.

Répétition, relaxation, visualisation, concentration : vous êtes prêt, le rideau peut se lever (fiche-conseils 19).

Développez votre mental comme les sportifs de haut niveau

En cas de situation tendue ou perçue par vous comme périlleuse, accédez instantanément aux ressources mentales qui vous permettront d'être fort et de vous confronter à la difficulté avec maîtrise. Pour cela, préparez-vous comme les sportifs de haut niveaux.

Voici une méthode de renforcement issue de la préparation mentale à des compétitions ou combats d'arts martiaux. « Les 5 C de la compétition », qui désignent les cinq ressources fondamentales dont chacun de nous a besoin pour se dépasser :

- **Calme,**
- **Concentration,**
- **Confiance,**
- **Conviction,**
- **Créativité.**

La première ressource, le calme, nourrit le mental qui est notre vraie force intérieure.

Les quatre ressources suivantes conditionnent et déclenchent nos réactions, nos comportements (fiche-conseils 20).

Ainsi s'entraînent les champions et se gagnent les victoires sur soi. Ainsi est-on prêt à « s'exposer » en public.

4 fiches-conseils

17. *Répétez. Je dirais même plus, entraînez-vous*
18. *Visualisez votre succès*
19. *Concentrez-vous*
20. *Un mental de champion*

Fiche 17 : Répétez. Je dirais même plus, entraînez-vous

Les erreurs, c'est mieux de les faire sans le public.
Entraînez-vous en répétant « à blanc », puis avec la technique.

❍ Répétez à blanc : faites un « galop d'essai »

Comme les comédiens ou les sportifs qui s'entraînent, répétez *à blanc* votre intervention.

Profitez-en pour repérer la durée de ce galop d'essai : s'il est trop long, « sabrez » sans pitié dans l'exposé, c'est votre intérêt.

- Isolez-vous pour pouvoir « faire comme si » tranquillement.
- Dites votre texte à voix haute : *mise en bouche*.
- Dites-le avec vos gestes : *mise en mains*.
- Pas le temps ? Répétez au moins l'introduction et la conclusion, qui sont deux temps essentiels (et délicats) de votre présentation.
- Laissez monter en vous l'énergie et l'envie de passer à l'action.

Quand c'est possible, répétez devant un collègue ou un ami et tenez compte de ses critiques : il est votre bon *cobaye*.

❍ Avant une assemblée, faites une « répétition générale »

- Répétez sur scène en « grandeur nature », avec les autres intervenants et la logistique.
- Faites-vous aider et conseiller si possible par un spécialiste ou par quelqu'un d'expérimenté.
- Répétez et perfectionnez le fond et la forme.
- Faites un « filage technique » : vérifiez soigneusement tous les réglages (votre pupitre, les lumières, le son…).

Puis :

- Peaufinez bien vos enchaînements.
- Relisez vos notes une dernière fois.
- Détendez-vous, ne vous éparpillez pas.
- Et… éteignez votre téléphone portable.

Enfin :

- Échauffez-vous : mentalement (énergie) et physiquement (bougez).
- Et concentrez-vous sur l'action :
  - votre « entrée en scène »,
  - un bon lâcher-prise,
  - et vos deux premières phrases.

☞ **Si vous ne répétez pas, eh bien tant pis pour vous ! Si vous répétez, tant mieux pour nous…**

Fiche 18 : Visualisez votre succès

Comme les sportifs, les artistes, gagnez d'abord « dans la tête ». Répétez les yeux fermés et mettez-vous en scène.

❍ **Relaxez-vous d'abord un peu**

- Isolez-vous dans un lieu calme et silencieux.
- Allongez-vous, ou asseyez-vous confortablement.
- Fermez les yeux ou fixez un point à l'horizon.
- Faites le vide en vidant l'air : soufflez à fond.
- Lâchez prise, relaxez tout votre corps et souriez intérieurement.
- Évacuez les pensées et émotions parasites en vous connectant à votre respiration et à vos sensations corporelles.

❍ **Rappelez-vous la fois où vous avez si bien réussi en public**

Pensez à une intervention pleinement réussie et ressentez vos sensations d'alors : identifiez les deux ou trois ressources qui vous avaient fait gagner.

❍ **Répétez mentalement : révisez les yeux fermés et... gagnez**

- Visualisez votre intervention : *voyez-vous*, *entendez-vous*, *sentez-vous* réussir.
  Imaginez par *flashs* des moments successifs de l'intervention, du début de l'exposé jusqu'à la fin du débat.
  Rectifiez les maladresses et améliorez le film à l'aide de vos ressources gagnantes.
- Visualisez vos interlocuteurs de plus en plus intéressés, de plus en plus convaincus.
- Fortifiez vos « **5 C** » :
  - Calme,
  - Concentration,
  - Conviction,
  - Confiance,
  - Créativité.
- Et laissez monter en vous plaisir et énergie. Vous voici mentalement en « état de grâce » (le cerveau passe en ondes lentes : *alpha*).

❍ **C'est fini : vous venez de réussir !**

- Inspirez largement, étendez les muscles, étirez-vous et bâillez.
- Puis ouvrez les yeux, les mains, le buste et levez-vous : vous êtes prêt.

☞ **Ancrez cette confiance en vous et concentrez-vous exclusivement sur l'action à mener, pas sur le résultat : soyez centré *ici* et *maintenant*.**

Fiche 19 : Concentrez-vous

Comme en sport, oubliez le résultat et concentrez-vous exclusivement sur le geste gagnant : « ici et maintenant »

❍ **Avant de prendre la parole**

- Donnez-vous un peu de temps (deux à trois minutes).
- Isolez-vous bien au calme et installez-vous confortablement.
- Fermez les yeux ou fixez un point à l'horizon.
- Détendez le corps et faites le vide : soufflez à fond et « centrez-vous » (*hara*).
- Faites le silence en vous et passez en « conscience interne ».
- Au lieu d'éparpiller votre esprit, « zoomez serré » sur une seule image : *la façon dont vous allez commencer et mener l'action.*
- Ne pensez plus qu'à ça : focalisez-vous sur ce seul acte à l'exclusion de toute autre question, *cloisonnez.*
- Ressentez l'action déjà réussie : mettez un maximum de sensations de succès (*happy end*), en veillant à rester connecté à vos ressources et à une respiration calme.

❍ **En parlant** (en réunion, en public)

- À chaque pause respiratoire, à chaque silence en fin de phrase, reconcentrez-vous sur l'idée à venir et sur les mots à dire.
- Concentrez bien votre regard sur quelqu'un (pas de regard « baladeur »).
- Et en permanence : lâchez prise, videz l'air et calmez le débit. Vous maintiendrez ainsi un niveau constant de concentration.

❍ **Dans la vie courante**

- Entraînez-vous à être concentré le plus souvent possible au quotidien : en agissant, écoutant, lisant, écrivant, parlant, téléphonant…
- Ainsi, vous développerez rapidement une grande force de concentration.

☞ **Plus vous vous focaliserez sur une action, mieux vous la réussirez. Entraînez-vous sans cesse : la concentration donne de la *présence*.**

Fiche 20 : Un mental de champion

Performance et maîtrise de soi dépendent de votre mental.
C'est lui qui conditionne vos ressources et vos comportements.

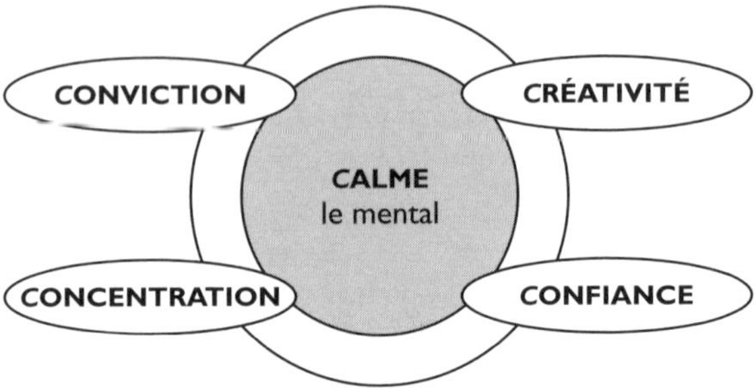

Les 5 C de la compétition

MENTAL : c'est l'état d'esprit, le « schéma mental » qui donne accès à un ressenti positif (« avoir le moral ») et à ses ressources.

❍ **Calme**
- Rien ni personne n'a accès au calme qui est en soi, ni ne saurait le troubler.
- Faire silence en soi, visualiser un paysage serein dont on est le gardien.
- Au cœur de la tempête, maintenir en soi cet état de sérénité immuable.

RESSOURCES :

❍ **Concentration**
- Être « ici et maintenant », à 100 % de sa conscience de soi.
- Conjuguer corps, émotion et mental.
- Intégrer l'assaillant comme faisant partie de son propre environnement.

❍ **Conviction**
- Énergie de l'engagement (en sport : la combativité).
- Conviction ancrée, courage, ténacité : aller jusqu'au bout.

❍ **Confiance**
- Avoir confiance en soi, en ses ressources.
- Avoir confiance en l'autre, en ce qu'il a de positif.
- Avoir confiance en l'événement et ses opportunités.

❍ **Créativité**
- Accepter l'imprévu comme une opportunité : faire preuve d'imagination, de réactivité.
- Visualiser l'issue victorieuse.
- S'adapter avec souplesse : ne pas résister (boxe) mais suivre la vague et trouver les « passages » (aïkido).

☞ **« La force est en toi » : ainsi se gagnent les victoires sur soi.**

Acte II

SOYEZ À L'AISE « LE JOUR J »
De votre prestation au débat

Chapitre 5
Apprivoiser son trac

« Tant que l'homme sera mortel, il ne sera jamais décontracté. »
Woody Allen

Vous avez le trac ? C'est bien naturel

Cela peut vous prendre plusieurs jours à l'avance et turlupiner longuement vos nuits. Votre estomac se tord, une boule d'impatience se forme en son creux. Votre teint devient blafard, votre voix vous manque, blanche comme de la ouate dans la gorge sèche ; le sol se dérobe, votre cœur bat la chamade, votre corps défaille et vos mains se font moites ; l'air vous manque, vos idées s'envolent, vos mots s'échappent, vous en perdez la mémoire… et vous vous sentez tout petit et tout seul dans ce monde indifférent.

Et tout à coup, vous voici épinglé dans la lumière, cible de mille regards affamés, livré comme une victime expiatoire à votre public, cet animal étrange qui ne manquera pas de vous dévorer tout cru.

Le philosophe René Girard disait bien : « Chacun se croit seul dans son enfer : c'est ça l'enfer ».

Lecteur, lecteur… redescendez sur terre : tout va bien ! Ce malaise d'un instant est la preuve même que vous jouissez de toute votre imagination, de toute votre énergie qui se ramasse sur elle-même, de tout votre mental qui se concentre, de toute votre mémoire qui mobilise ses archives et de la montée progressive de votre désir de convaincre.

Tout va bien. Car, dans un instant, vous aurez grand besoin de cette belle imagination, de cette énergie et de cette envie profonde de partager vos convictions. Le « méchant » trac de tout à l'heure cédera la place au « bon » trac et votre émotivité se métamorphosera en émotion : surtout, ne la censurez pas, vous perdriez tout naturel.

Rappelez-vous Louis Jouvet : « Au théâtre, jouer, c'est faire l'amour avec le public. » Nous vous souhaitons donc à tous deux, vous et votre public, beaucoup de bonheur…

Vous comme eux, eux comme vous

Au plus fort de votre trac, vous vous croyez peut-être seul de votre espèce à l'éprouver, ce qui ne fait que redoubler votre tourment. Détrompez-vous, tout le monde connaît le trac. Pour des raisons variées et sous des formes diverses, sans doute, mais tout le monde ressent son pincement à un moment ou à un autre. Pour paraphraser La Fontaine : « Ils ne mouraient pas tous, mais tous étaient frappés. » Vous n'êtes jamais que comme le reste de l'humanité, fabriqué dans un moule de sensibilité et de chair…

Jugez-en : *tous les comédiens*, tous les artistes qui ont à « affronter » le public – de Souchon à Adjani, de Brel à Huster, de Dustin Hoffmann à Mylène Farmer –, « meurent » chaque soir de trac avant de renaître de leurs cendres. Certains, même, vont jusqu'à vomir en coulisses (vous n'en êtes pas là…) avant de rayonner sur scène. Leur appréhension est à la mesure de la spontanéité et de l'émotion qu'ils vont libérer. Le trac est leur plus grand talent. Simplement, ils ont au ventre une formidable motivation : alors ils préparent, répètent et s'entraînent… (Rappelez-vous bien cela : ils préparent, répètent et s'entraînent.)

D'autres exemples encore : les *sportifs*, qui jouent aussi leur carrière et quelquefois leur peau, ont d'abord à canaliser leur émotivité. Que font-ils ? Ils préparent et répètent chaque étape, chaque geste de la compétition. Les records sont à ce prix.

Voulez-vous des exemples qui vous ressemblent davantage ? Les *journalistes*, les *politiques* et les *personnages publics*, qui ont comme vous à faire adhérer leur public, que ce soit sur scène, à la télévision ou à la radio, sont également tous envahis par le trac (j'ai des noms !) : ils jouent en effet chaque jour leur image, leur carrière.

Encore plus près de vous ? *Des dirigeants, des cadres d'entreprise, vos collègues* ? Ils ont aussi un message fort à transmettre, des énergies à mobiliser, des enjeux à promouvoir et du sens à partager. Ils ont donc le trac (je le sais !). Que font-ils ? Certains préparent et répètent.

Un dernier exemple devant vous, sous vos yeux : *votre auditoire, vos interlocuteurs.* Vous les croyez détendus, sereins ? Détrompez-vous.

En chacun se mêlent aussi des craintes diffuses :

- est-ce que je ne prends pas un risque en venant, on ne sait jamais ?
- que va-t-on me demander et cela m'obligera-t-il à changer mes habitudes ?
- serai-je d'accord ou devrai-je me rallier malgré moi ?
- si je ne suis pas d'accord, comment oser le dire ?...

J'allais oublier ! *Si, il y a effectivement trois types de personnes sur cette planète qui ignorent tout du trac.*

C'est d'abord l'indifférent. Il n'a rien à donner à personne et de sa bouche ne coule qu'une eau tiède et fade.

C'est aussi l'enfant. Pendant que l'adulte chausse les lunettes de la crainte, l'enfant ne connaît que celles de l'espoir. Et sa bouche exprime sa vérité confiante.

C'est enfin l'« honnête homme », ou le sage. Celui qui ne cherche pas à plaire, mais à donner ce qu'il est, au-delà de toute peur.

Dis-moi quel est ton trac...

Comme vous, hormis le bel indifférent, l'enfant sans peur ou le sage, tout le monde ressent en effet les tensions du trac. Il n'est qu'à partager dans les coulisses, dans les vestiaires, sur un plateau de cinéma ou de télévision, les dernières minutes précédant le « passage à l'acte » pour se convaincre que ce phénomène n'épargne manifestement personne.

À l'inverse, chacun a « ses » raisons bien particulières de ressentir cette mise en tension de soi-même. Et les méthodes de chacun pour la combattre varient sensiblement d'une personne à l'autre.

Le trac, un surinvestissement de soi

« Ce que l'homme projette devant lui comme son idéal,
est le substitut du narcissisme perdu de son enfance.
En ce temps-là, il était lui-même son propre idéal. »
Freud

Votre trac est à la mesure de ce que vous projetez sur cet événement et de la quantité de valeur que vous y investissez : le trac est un surinvestissement de soi vers ce « moi idéal » forgé dans l'enfance.

Voilà pourquoi les artistes et les sportifs ressentent un trac intense, dont ils ont un réel besoin car celui-ci nourrit leur énergie. Ils surinvestissent leur valeur, car c'est bien cela qui leur est demandé : se dépasser avec une parcelle d'héroïsme, se sublimer.

La peur des autres ?

« L'orateur est en prise à une problématique phobique (se sentir seul, nu, dévoilé, agressé, ignoré, renversé) en même temps qu'il est confronté au désir des autres. Et ce désir-regard si prégnant vient perturber la mentalisation (peur du blanc, discours confus, digressions, lapsus, hésitations, etc.) ! »[1]

Qui est cet autre, cet autre collectif – votre groupe, votre public – à qui vous allez vous adresser et que vous souhaitez convaincre et persuader ? Votre esprit ne s'en fait-il pas une représentation chimérique ?

Et si cet autre-là, votre « public », n'était fait en réalité que de gens ouverts, concernés et *a priori* bien intentionnés ?

Comme sont les gens, tout simplement, comme vous et moi. En réalité, la peur des « autres », c'est tout simplement la *peur de soi*, de son échec supposé, la peur *d'être pris en faute*, de ne pas atteindre à l'*idéal*.

C'est grave, docteur ?

Trouver remède à son trac, c'est d'abord le dédramatiser et, pour cela, le connaître. Nous allons donc voir ce que le trac a dans le ventre.

Un pareil maelström de réactions affectives, fugaces ou persistantes – surtout si vous les gardez au secret dans votre for intérieur – met instantanément l'organisme en alarme. (De même en cours d'intervention : lorsqu'un trou de mémoire, une maladresse ou un contradicteur intempestif viennent déstabiliser le bel édifice que vous aviez si patiemment ébauché…)

Le corps n'est pas bâti à chaux et à sable. Fragile, il lui faut se protéger, au besoin de vous-même : il commence donc par s'alarmer. Ce processus d'alarme, dans certains cas extrêmes de danger, peut en effet assurer notre survie en déclenchant la réponse la mieux adaptée. En voici schématiquement le processus à double détente : alarme puis adaptation.

---

1. L. Bellenger, *La confiance en soi*, ESF, 1994.

Phase d'alarme

Cette première phase, quasi instantanée, est heureusement très brève. Face à l'« agression » émotionnelle qu'il perçoit, l'organisme provoque aussitôt une brusque décharge d'adrénaline, véritable *hormone d'urgence*. Heureusement, car c'est elle qui va vous doper. La force est en vous, mais les régiments de la force ont soudainement envahi toute la maison de votre corps. Tout simplement parce que l'adrénaline exerce un triple effet vasoconstricteur sur le métabolisme.

Par contrecoup, elle déclenche :

- crispation du diaphragme ;
- accélération du rythme respiratoire et cardiaque ;
- respiration inversée et bloquée vers le haut, avec sensation d'oppression (« souffle coupé ») ;
- sueurs froides et mains moites ;
- sécheresse de la bouche (la fameuse « langue de bois »), gorge nouée ;
- altération de la motricité musculaire…

Notre propre métabolisme peut nous conduire à deux réactions opposées :

- chez certains, cela se traduira en effet par une quasi-paralysie des muscles (« immobile, tétanisé, cloué sur place… »), avec sensation de froid ;
- chez d'autres, au contraire, par des tremblements, de la nervosité, des tics, une agitation des membres, une tension et une crispation des mains, des rougeurs et sensations de chaleur.

Immobilité ou tremblements, c'est affaire de tempérament physiologique. À chacun son trac.

Chaque fois que vous éprouverez ce trac, quand vous aurez les nerfs en pelote, le cœur aux quatre cents coups, l'estomac en boule et les sangs retournés, c'est signe que votre machine tourne rond et que tout va bien… Vous avez le trac ? Tant mieux. La suite vous le démontrera : car après le temps de la réaction, vient celui de l'action.

Phase d'adaptation

Selon la représentation que vous vous faites de votre prochaine intervention en public, cette émotion va se transformer soit en réaction positive : mécanisme du *succès* (le « bon » trac), soit en réaction défensive : mécanisme de l'*échec* (le « mauvais » trac).

• Mécanisme du succès : cette situation future vous paraît semblable à un succès passé et active le « système de la récompense » (MFB : *medial forbrain bundle*) qui parcourt les trois étages du système nerveux central (reptilien/limbique/cortex), et provoque la répétition de toute action gratifiante et sa mémorisation (faisceau de la récompense). Ce système active le système nerveux parasympathique et libère de l'adrénaline dans le sang : grâce à cette hormone, nous sommes prêt à passer à l'action.

• Mécanisme de l'échec : la situation future vous paraît au contraire ressembler à un échec passé : vous activez alors le « système de la punition » (PVS : *peri ventricular system*). Le faisceau de la punition, qui a mémorisé les échecs passés et vous conduit à les éviter, déclenche une forme d'inhibition.

Ainsi, selon la nature des choix de notre mémoire, positifs ou négatifs, tout un processus physiologique complexe se met en branle, qui peut nous conduire au succès ou à l'échec.

Le chapitre 4 vous a dit comment opérer des représentations positives.

Pour prévenir cet excès de tension (notre endomorphine), il y a deux bonnes tactiques (fiche-conseils 21).

• Sur le court terme : la préparation.

C'est celle des vrais professionnels, qui préparent soigneusement et répètent : du sportif à l'interprète, du journaliste au politique, conscient de sa « responsabilité de parole ». Cette méthode a un double avantage : diminuer sensiblement l'appréhension et augmenter les chances objectives de succès[1].

• Sur le moyen terme : la maîtrise de soi.

C'est la méthode « en profondeur », qui renforce la précédente et permet de faire face à ce qui ne peut être préparé : l'imprévu. Diverses approches y conduisent : sportives, artistiques, thérapeutiques, spirituelles ; le yoga, les arts martiaux ; ou encore les techniques de développement personnel et corporel, qui sont synthétisées au chapitre 4 (le mental). Ce travail sur la maîtrise de soi, sur ses comportements, requiert détermination et patience, mais il procure une réelle efficacité et des joies rares sur les plans professionnel et personnel.

---

1. Il est évidemment toujours possible de recourir à des « bêta-bloquants ». Dans les pays anglo-saxons, le recours aux bêta-bloquants est assez répandu (1988 : 30 % de musiciens professionnels américains). Mais attention au phénomène d'accoutumance. Ne soignez pas un petit bobo avec de la morphine…

Décontractez-vous

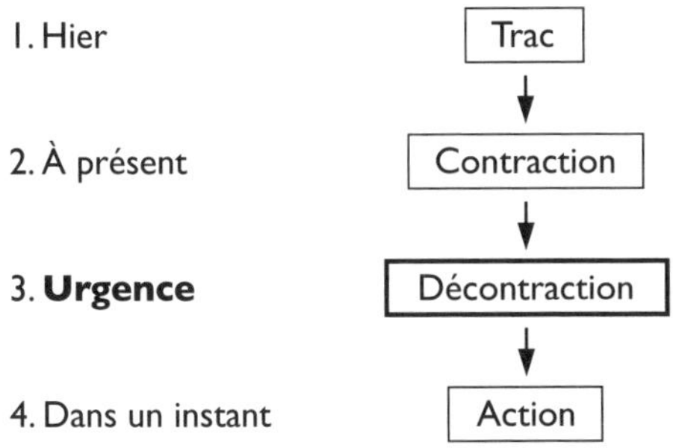

Du trac au passage à l'action

Depuis quelque temps déjà, l'appréhension est apparue. Vous voilà livré au trac, le corps et le mental contractés.

C'est en effet l'action qui va dissiper instantanément vos tensions, elle est le « médicament » idéal pour faire disparaître en quelques secondes les symptômes les plus gênants.

Comment procéder ?

- **Se décontracter en *lâchant prise*** : c'est facile, rapide (trois secondes) et... agréable : fiche-conseils 22.
- **Souffler (vider l'air) et respirer *par le ventre*** : le chapitre précédent vous a déjà expliqué comment. Entraînez-vous avec la fiche-conseils 23.
- Calmer le jeu et passer à l'action : *plonger*...
  - Détendre le visage, le corps, les bras ;
  - Projeter sa voix ;
  - Aller à l'essentiel ;
  - Ralentir le débit ;
  - Parler en utilisant des phrases courtes.

Et surtout, accepter son émotivité comme le dopant naturel qui nous est *nécessaire*. La tension n'est qu'un moment qui va passer. Révisez la fiche-conseils 24.

C'est donc ça, le trac

Ainsi, le trac nous est *commun* à tous, parce que c'est un réflexe de défense :

- Le trac est *nécessaire*, car nous aurons besoin de son énergie pour oser ce « supplément d'âme » que réclame l'enjeu.
- Le trac dépend de notre propre regard sur nous-même et de notre capacité à nous faire *aussi* confiance.
- Le trac n'est qu'un effet *passager* de la crise[1] qui nous traverse avant de se dénouer dans l'action.

Et dire que ce trac, vous alliez le maudire ou même culpabiliser... Vous faut-il un argument de plus pour être tout à fait rassuré ? Le voici : le trac est un phénomène presque *invisible*, ou que nous rendons généralement invisible. Voilà pourquoi nous ne soupçonnons pas de trac chez ces professionnels qui en sont pourtant étreints.

Et quand bien même un peu de votre trac transparaîtrait, cela vous rendra plus humain, plus proche de nous qui connaissons aussi le trac. Votre émotion visible nous touchera, tout simplement.

Un dernier secret : aimer son trac

Il y a un secret que j'ai envie de vous révéler à cet instant, sous la forme d'une aventure un peu personnelle. Quand l'un de mes deux fils eut onze ans, il passa une audition publique de piano devant quelques centaines de parents émus. À l'appel de son nom, il se leva blanc comme un linge puis alla jouer dans un état second. Il joua cependant fort bien et obtint le prix. À notre retour, je lui demandai dans la voiture : « Tu as eu le trac ? ». Il me répondit oui puis, après un silence, il ajouta : « Qu'est-ce que j'ai aimé ça ! »

Voilà le secret : *aimer son trac*. Aujourd'hui, Alexandre est pianiste ; il a le trac, il aime ça, donc il joue bien.

À l'adulte de retrouver l'enfant qu'il porte en lui : l'enfant a des mains et une parole d'azur. Le trac est son meilleur ami.

---

1. En grec, *crise* signifie *décision*. En japonais, ce mot se traduit par *opportunité*.

4 fiches-conseils

21. *Le trac est votre allié*
22. *Décontractez-vous : lâchez prise…*
23. *Respirez bien, vous serez inspiré*
24. *Calmez le jeu et passez à l'action*

Fiche 21 : Le trac est votre allié

Tout allait bien… Et soudain, le trac !

Vous avez le trac ? Tant mieux… le trac est un *dopant* naturel, qui agit aussi bien sur le physique que sur le mental.
Il va vous « *booster* » en vous procurant le supplément d'énergie dont vous avez besoin. Acceptez votre trac et adaptez-vous.
Le trac fonctionne en deux temps successifs : Alarme/Adaptation.

1. Alarme : réaction automatique momentanée

- Toute émotion forte provoque une tension instantanée (afflux d'adrénaline et stimulation du système sympathique).
- Celle-ci n'est que passagère : quelques secondes en général.
- Ses effets sont peu visibles et varient selon les tempéraments : respiration oppressée/gorge nouée, bouche sèche, toux/accélération cardiaque/chaleur, rouge aux joues/mal au ventre/mains moites, jambes en coton/sueurs froides/tics corporels, verbaux…
- Heureusement, personne ne les cumule tous : deux ou trois tout au plus.

2. Adaptation : processus volontaire
Cette tension peut se maîtriser. Voici comment, avant et en cours d'intervention.

❍ **Avant** (maîtriser l'appréhension) :

- Préparer l'intervention avec soin.
- Faire des fiches (juste quelques mots-clés).
- Répéter et visualiser.
- Se concentrer uniquement sur l'action : *faire* et non pas *être*.

❍ **Pendant** (dissiper les effets de la tension) :

- Rester soi-même et s'accorder le droit à l'erreur (l'oral l'autorise plus que l'écrit).
- Parler avec plaisir et non sous la contrainte du « bien faire ».
- Détendre sa posture, souffler et respirer par le ventre.
- Ralentir, faire des pauses et des silences, affirmer avec conviction.

❍ **Un seul risque** (rare) : l'absence de trac

- Pas de trac, pas de *présence* !
- Attention à ne pas parler en « robinet d'eau tiède ».

N.B. : Proscrire alcool, drogues. Et éviter les médicaments bêta-bloquants, efficaces mais disproportionnés.

☞ **Le trac, un ami qui vous veut du bien. Réagissez en souplesse : préparez, répétez, concentrez-vous, respirez et lâchez-vous.**

Fiche 22 : Décontractez-vous : lâchez prise...

**Faites comme les sportifs, et comme les enfants.
C'est facile, c'est rapide et c'est même agréable.**

❍ **Le secret : lâcher prise**
Faire (exprès) ce que font spontanément les enfants quand ils sont déçus ou contrariés : **hausser les épaules puis soupirer.**
Contraction puis décontraction, la nature est bien faite.

❍ **La méthode**
Exagérer d'abord la tension du corps et de la respiration pour mieux pouvoir la détendre ensuite. Renouveler deux ou trois fois pour ressentir un bien-être durable.

❍ **L'exercice est simple : « lâchez-vous »**
- Placez-vous debout, les pieds un peu espacés et bien ancrés dans le sol.
- Inspirez et contractez-vous progressivement au maximum : haussez les épaules, repliez vos bras jusqu'au visage, fermez les poings, contractez maxillaires, paupières, sourcils et front.
- Ne bougez plus, ne respirez plus (temps court).
- Puis soufflez lentement et à fond, en décontractant progressivement visage, épaules, bras et mains.
- Et accompagnez ce mouvement agréable d'expiration en laissant tomber lentement les bras jusqu'en bas.
- Reposez-vous un court instant.

❍ **Ça fait du bien : alors, recommencez**
- Recommencez l'exercice (contraction puis décontraction), en accentuant bien chaque phase : ressentez en soufflant une profonde sensation de bien-être dans tout votre corps.
- Vérifiez que votre position de repos est totalement détendue : épaules basses, phalanges relâchées, bouche légèrement entrouverte. Vous respirez largement et lentement. Vous vous êtes « lâché », vous vous sentez bien.

❍ **À présent, vous avez accès à vos ressources**
- En une minute, vous avez décontracté votre corps et délivré votre respiration.
- En vous relâchant, vous avez *fait le vide*, mis le stress hors circuit et accédé à un mental plus serein et à vos ressources : **calme, plaisir, conviction**...

☞ **Haussez les épaules et soupirez !
Hier on vous grondait, aujourd'hui vous avez le droit.**

Fiche 23 : Respirez bien, vous serez inspiré

Soufflez profondément puis inspirez par le ventre.
La tension se réduit instantanément, votre cerveau repart.

❍ **La respiration conditionne :**
- la détente physique et physiologique ;
- l'équilibre nerveux et émotionnel (le *moral*) ;
- la maîtrise mentale et la concentration.

❍ **Or elle dépend de votre état émotionnel**
- En cas de tension, votre respiration se coince **en haut** de la poitrine (0,5 litre d'air).
- En état de calme, votre respiration redevient **ventrale** et vous voilà « gonflé à bloc » (jusqu'à six litres d'air dans les poumons…).

❍ **Le principe de la respiration**
Respirer, ce n'est pas un processus binaire rapide (inspirer/expirer). C'est une action en profondeur, qui nécessite de **prendre le temps**. Elle comprend quatre séquences :
– *inspir* (temps long),
– palier (bref),
– *expir* (temps long),
– palier (bref).

❍ **Comment redevenir calme et lâcher prise ? Respirer par le ventre**
- **D'abord, videz l'air** : soufflez lentement et profondément, laissez sortir le maximum d'air (bouche entrouverte) et relâchez le ventre.
- **Inspirez profondément** : détendez et laissez se gonfler le ventre, le plexus solaire puis la poitrine (vos épaules s'ouvrent et restent détendues).
- **Expirez calmement** : votre diaphragme se resserre lentement et votre ventre se mobilise (sans être contracté pour autant).
- **Relâchez vos résistances internes** progressivement : lâ-chez-prise.

❍ **En parlant, pensez à vous détendre en inspirant**
- Calmez votre débit.
- Faites des phrases courtes.
- Faites des silences entre vos phrases.
- Et, à l'intérieur de chaque phrase, des pauses respiratoires fréquentes.

☞ **Vous « manquez d'air » ? Respirez par le ventre.**
Vous êtes tendu, mal à l'aise ? Respirez par le ventre.

Fiche 24 : Calmez le jeu et passez à l'action

Un peu d'appréhension ? On se calme, on respire, on plonge. L'action dissipe la tension : passez calmement à l'action.

❍ **Le corps**
- Prenez appui dans le sol : « mise à la terre » de votre énergie.
- Videz l'air : soufflez. Puis respirez par le ventre.
- Détendez votre visage, votre corps et vos bras.
- Ouvrez votre buste et vos mains.
- Regardez tranquillement l'auditoire.
- Souriez un peu (intérieurement).

❍ **La voix**
- Projetez votre voix (aigus, médium).
- Ralentissez votre débit, faites des silences.
- Articulez en prenant appui sur les consonnes.
- Parlez plus fort et ponctuez vos finales.

❍ **Le langage**
- Faites des phrases courtes et simples.
- Soyez concret, imagé et donnez des exemples.

❍ **Les idées**
- Revenez à l'essentiel, affirmez le certain.
- Soyez bref. Ne délayez pas, passez à un autre point.
- Un trou ? Consultez tranquillement vos notes.

❍ **L'émotion**
- Acceptez votre émotivité : c'est un moment qui va passer.
- L'émotion est porteuse : parlez avec *plaisir, calme* et *conviction*.

☞ **Le moment est venu de rester calme. Ne vous sentez pas jugé et faites-vous confiance : personne ne remarquera votre trac.**

Chapitre 6
Le corps parle

> *« Il veut nous vendre la vie*
> *et il n'a même pas un échantillon sur lui. »*
> Coluche

Parler, c'est agir

Passons à l'action... Car convaincre et persuader son public passe par une action : celle de contacter à la fois la sphère rationnelle et la sphére émotionnelle de chacun de vos interlocuteurs, c'est-à-dire lui donner du sens, des images et des émotions, que son cerveau aura à décoder, à « ressentir » et à faire siennes.

Pour réussir cette double action de communication et d'influence, de quels *outils*, de quels *instruments* allez-vous vous servir, comme le musicien exprime à partir de son instrument sa sensibilité et l'infinie nuance de la musique ?

Parler est agir.

L'objet de cet Acte 2 est double : préciser certains ressorts fondamentaux de la communication en public et vous aider à améliorer vos interventions.

Au-delà de l'explication des principes, ce chapitre et les trois suivants vous proposent donc des fiches-conseils sur le *corps*, la *voix* et le *langage*, et sur les méthodes de maîtrise de la critique et du débat.

On ne sait jamais...

Accepter de montrer

Dire, c'est aussi montrer et se montrer. Exposer, c'est aussi s'exposer.

Mais en avons-nous toujours véritablement envie ? Tant de freins sont en nous, qui nous retiennent par la manche avant de passer à l'acte...

Introversion

Si l'on reprend la distinction établie par Jung (introversion et extraversion), certains peuvent en effet se centrer davantage sur eux-mêmes (réflexion, introspection) : ils auront alors quelque réticence à aller à la rencontre de l'autre et entrer en communication. Ce qui est naturel et plaisant pour l'*extraverti*, – c'est sa nourriture psychique même – devient effort pour l'*introverti* : il lui faut donc accepter de « dire », de s'ouvrir à la relation et au partage avec autrui – et que cet effort devienne libération et lui procure finalement un peu de plaisir. Pourquoi ce « il faut » ? Nul n'est obligé de se forcer ainsi. Mais le public est là, l'enjeu de parole est, par définition, déjà accepté : autant réussir et, pour cela, y prendre un minimum de plaisir (car, comme l'effort, le plaisir se voit, s'entend et se ressent). Les émotions sont contagieuses...

Émotions

Le premier obstacle de l'introversion étant levé par décision personnelle, s'en présente un autre : accepter de montrer ses émotions.

Ce qui chez l'enfant est acte spontané devient vite problématique pour l'adulte[1]. Son *surmoi* l'incite à la méfiance (« le moi est haïssable... »), ses échecs à la prudence, les normes de sa culture à une certaine neutralité et les modèles qui l'environnent à des standards impersonnels. Il n'est qu'à observer autour de soi dans le monde de l'entreprise et même chez la plupart des hommes publics pour constater les effets desséchants de la censure de ses émotions. Personnalité ? Éducation ? Culture ? Là encore, une décision personnelle doit être prise : dépasser le « non-dit » et communiquer tel qu'en soi-même. Car c'est de l'émotion perceptible chez celui qui parle que naîtra, par contagion, celle de son public et son envie de la partager : donc d'adhérer.

1. Vous rappelez-vous les affres de Victor dans le prologue de ce livre ?

Témoigner de son émotion, c'est bien entendu le faire avec mesure et sobriété. L'excès serait pareillement insupportable que l'absence (apparente) d'émotion. Simplicité, crédibilité doivent être au rendez-vous.

Ces deux préalables – introversion et censure des émotions – étant à peu près levés, comment réussir à communiquer sa pensée et sa conviction ? Pour le comprendre, mettons-nous à la place de votre public, attentif et sensible.

La puissance du non verbal

Il y a un peu plus de vingt ans, lorsque le professeur Albert Mehrabian et son équipe de neurologie de l'université de Californie apportèrent les preuves statistiques du *traitement de l'information* par le cerveau, leurs révélations firent l'effet d'une bombe tant elles allaient à l'encontre des idées reçues.

Jugez-en : lorsqu'un message n'apparaît pas sincère, l'auditoire ne croit les mots qu'à 7 %, alors qu'il se fie, en moyenne, à 55 % à la part visuelle du message (le corps) et à 38 % à sa part auditive (la voix).

D'où l'intérêt d'être *congruent*, c'est-à-dire authentique et « concordant » entre son discours et son *non verbal*…

Une publication fameuse du même professeur Mehrabian : *The silent messages*, prolongea internationalement l'effet de cette « découverte » sur les étonnantes propriétés de notre écoute face à la non-congruence.

La prééminence remarquable du non verbal (*corps* et *voix*) sur le verbal (*langage*) s'explique tout naturellement. L'information ne peut nous parvenir que par nos cinq sens et la « pensée pure » – qui nous permettrait de comprendre *directement* les informations –, n'existe pas en tant que telle.

Ce que l'on appelle intelligence n'est qu'un concept abstrait qui désigne un ensemble de processus cérébraux *stimulés* au départ par des informations purement physiques. Et nos capteurs sensoriels sont de véritables « filtreurs-enregistreurs », qui jouent un rôle écrasant dans la perception et le traitement de l'information.

Un phénomène supplémentaire intervient dans l'écoute : à l'information *externe* (l'orateur ou notre interlocuteur), s'ajoutent toutes les représentations *internes* que déclenche notre cerveau droit, associatif et analogique. Car celui-ci réagit « malgré lui » – c'est aussi son talent – selon trois grands processus connus :

- ***sélection*** : face à la surabondance des informations reçues, le logiciel de notre hémisphère droit trie très égoïstement et n'accepte de mémoriser que ce qui l'intéresse lui. Le reste, qui ne l'a pas « touché » personnellement, est immédiatement jeté aux oubliettes. Nous privilégions ce qui nous plaît ou nous déplaît ;
- ***interprétation et distorsion*** : un détail envahit toute la perception du contenu (il parle de succès mais il a l'air sinistre…) ; ou bien nous lions deux choses qui n'ont pas forcément de rapport : « *Il ne m'a pas dit bonjour, donc il me déteste* ») ;
- ***généralisation*** : nous étendons abusivement à l'ensemble les conclusions d'une seule expérience (*une femme* devient *toutes les femmes*… ou bien : « *On ne m'informe jamais* », « *C'est toujours comme ça* »).

Ce même talent espiègle de l'hémisphère droit nous fait en outre développer instantanément nos propres images, qui sont les représentations visuelles et auditives héritées de notre histoire personnelle et de notre imagination.

Faisons ensemble un petit test rapide. Si je vous dis : « *Ne pensez pas à une voiture rouge* », je parie que vous aurez quelque difficulté à obéir à cette injonction. Et à effacer de votre cerveau l'image visuelle d'un petit bolide rouge et, peut-être aussi, l'image sonore du feulement de la puissante cylindrée de votre Ferrari… (C'est bien connu : le cerveau n'a pas de gomme pour effacer les traces qui l'ont marqué.)

Si vous avez eu ce genre d'images – que je vous avais pourtant interdit de concevoir ! – c'est très rassurant pour vous. Cela signifie que votre cerveau est doué à *double* titre : comprendre le sens des mots, avec son intelligence logique, mais n'en faire qu'à sa guise avec son imagination et sa sensibilité.

Vous êtes donc apte à parler en public…

Car, vous l'avez compris : votre auditoire est d'abord un « animal sensible », qui vous capte *intuitivement* et dont les *impressions* priment sur la raison pure. Et l'outil qui va vous permettre de persuader (ou non) votre public – grâce à vous ou malgré vous –, c'est précisément votre sensibilité qui s'exprime par les « outils de l'acteur », ceux du corps et de la voix.

La fiche-conseils 25 vous en précise la nature ; ce chapitre sur le corps, et le suivant sur la voix, vous en donnent les principales clés d'accès.

Afin que votre corps « parle ». Et que vous fassiez « vivre » votre voix.

Les 12 « outils » de l'oral

Comment vous vous **comportez** (CORPS)	– Attitude générale, posture (prise d'espace et déplacements) – Gestuelle – Expressions du visage – Regard
Comment vous **parlez** (VOIX)	– Volume – Intonations, articulation – Débit – Pauses respiratoires et silences
Ce que vous **dites** (LANGAGE)	– Phrases (syntaxe) – Vocabulaire – Lexique (code verbal du public) – Temps du verbe (mode verbal)

Nous allons traiter ces trois plans : corps, voix et langage en trois chapitres successifs. Commençons ici par ce qui concerne le corps car, avant même de vous entendre et comprendre, le public vous *voit*.

Le corps

L'expérience de la formation enseigne trois constats saisissants :

– notre corps est un territoire qui nous est en partie *inconnu* ;

– notre corps voudrait parler et nous l'en *empêchons* ;

– le corps cherche ailleurs une force qui est *en lui*.

Le corps, territoire (en partie) inconnu

Connaissez-vous le « sixième sens » ? Non pas le sens imagé de l'intuition, du flair, mais celui de la perception que nous pouvons avoir de notre corps. Or, ce sixième sens existe bel et bien : il s'agit de la *proprioception*, c'est-à-dire la perception de notre propre corps par sensation interne au travers des muscles, des ligaments et des os.

Ce sens est le plus souvent méconnu, alors que c'est précisément lui qui nous permet d'exister physiquement (la présence), de nous tenir verticalement (loi de la gravité), de contrôler nos attitudes et de les améliorer en temps réel. Certains sports, dits complets car ils impliquent la totalité de notre corps (comme les arts martiaux) ou certaines activités travaillant sur le corps et la respiration (comme le yoga, le théâtre, la danse), développent cette maîtrise corporelle de soi. Mais il n'est pas rare de rencontrer des gens qui n'ont conscience que d'une partie de leur propre corps :

– leur buste, et non leurs jambes, agitées, ou leur bassin, « hésitant »,
– ou bien leur côté droit (lié au rationnel), et peu le côté gauche de leur corps et de leur gestuelle (lié à l'émotionnel).

Pour ceux qui n'ont pas atteint un degré suffisant de perception de leur corps et qui ne savent pas lui donner sa dimension « ambidextre », il est donc urgent de prendre possession de leur corps tout entier et de se le *réapproprier.*

Une formation à la communication persuasive en public (de préférence avec vidéo) est une aide efficace pour réaliser des progrès rapides. Dans l'immédiat, les conseils donnés dans les fiches jointes vous permettront d'obtenir le premier résultat essentiel : habiter la totalité de la maison de votre corps et non deux ou trois pièces seulement…

Le corps voudrait parler

Le corps parle naturellement : il est le fondement corporel de la parole. Le petit enfant est d'abord « un mammifère sentant », dont le système de communication initial passe par le corps, puis par la voix : le non verbal.

Or, pour les raisons évoquées au début de ce chapitre (introversion et censure des émotions), le corps « parlant » est fréquemment emprisonné par nous-même, comme empêché, alors qu'il est l'un de nos grands outils de communication. Il est urgent de lui rendre sa liberté et son pouvoir d'expression : en lâchant prise, en l'enracinant au sol et en occupant notre territoire.

Le corps cherche ailleurs une force qui est en lui

Beaucoup d'orateurs semblent se « raccrocher » à un quelconque point fixe, qui peut être le pupitre, une table, le côté d'un tableau de papier et, plus souvent encore, un stylo, un document ou leur autre main qu'ils agrippent comme une bouée de sauvetage.

Chercher un appui correspond à un réflexe[1] très légitime mais pourquoi le prendre à l'extérieur de soi alors que la force est *à l'intérieur* de notre corps ?

---

1. Réflexe dit de Babinski, neurologue français : pulsion d'agrippement.

Lorsqu'en formation il est demandé aux participants où ils situent instinctivement leur centre d'énergie et de force, 80 % d'entre eux montrent les épaules, ou les poings serrés, ou le haut de la poitrine : c'est-à-dire le haut du corps. K.G. Dürckheim, dans son livre *Hara, centre vital de l'homme,* met bien en valeur la différence culturelle de l'attitude de l'occidental (centre de gravité aspiré vers le haut : « poitrine sortie et ventre rentré ») et celle de l'oriental : centre de gravité descendu vers le bas, qui permet de rester d'aplomb et délivre de la « crainte *de ne pas réussir son projet* ou du désir ambitieux de *réussir à tout prix* ».

La force est en bas, elle se situe dans ce hara déjà nommé et dans cette ligne qui relie le hara au bassin (à la jonction des vertèbres lombaires et sacro-iliaques : L5 - S1).

La première séance d'aïkido ou de karaté montre que la vraie force, la « force tranquille », est en bas, en dessous de la ceinture… D'où le conseil fondamental : descendre son centre de gravité, enraciner ses pieds « dans » le sol et prendre appui en soi, dans son bassin[1].

C'est la position naturelle du lâcher-prise qui favorise une prise d'espace suffisante – proportionnée à sa carrure –, la détente des bras, un débit plus calme et une voix plus assurée. Elle rend les déplacements souples, maîtrisés et favorise l'expression sereine des sentiments (fiche-conseils 26).

Les gestes

Une difficulté majeure, quasi unanimement évoquée : « Que faire de mes mains ? »

La réponse est tellement simple, tellement évidente, que peu y pensent spontanément (bien que leur corps, lui, le sache fort bien quand il est en vacances, détendu…). Réponse : « Rien, laissez tomber » ou plus exactement : « relâchez vos bras ».

Vient alors l'inquiétude : « Je risque d'avoir l'air idiot comme ça, les bras ballants… ». C'est vrai qu'enfant nous avons souvent entendu : « Ne reste pas là les bras ballants à ne rien faire ! »

Rassurez-vous, vos bras ne vont pas rester longtemps inertes : ils vont devenir gestes. Ils vont s'ouvrir, monter et rendre votre communication expressive.

1. Une précision technique concernant le bassin : veillez à ce qu'il reste bien dans l'axe de la colonne vertébrale (et non pas en retrait, hésitant comme ces timides qui se tiennent pliés à demi et semblent s'excuser d'exister).

« Faut-il faire des gestes ? »

Oui et non : un corps neutralisé et l'absence de gestes, ainsi que d'expressions du visage (approche rationnelle ou attitude défensive), feraient écran entre vous et l'auditoire et masqueraient votre conviction. Vos gestes sont donc à la fois attendus et souhaités.

En même temps, le geste est un passage à l'acte qui vous permet d'« enfanter » vos idées et de passer d'une pensée diffuse à une pensée *active*[1]. Le cerveau droit inspire des idées au cerveau gauche, qui les contrôle, les ordonne et les traduit en mots ; puis le cerveau droit « récupère » ces mots et *interprète* ces idées en les affectant d'une charge émotionnelle et expressive, qui se communique par des gestes, des mimiques et des intonations, visibles et sensibles pour le public.

À l'inverse, un excès de gestes, ou des gestes trop rapides ou non synchronisés avec les mots, parasiteraient notre capacité d'écoute : nous vous *verrions* plus que nous ne vous *entendrions*…

Moralité : osez des gestes, mais dosez-les (fiche-conseils 27).

Le visage

Comme les gestes, le visage exprime vos sentiments. Encore faut-il que vous en éprouviez à cet instant… Si votre cerveau se cantonne à raisonner dans l'abstrait, votre visage demeurera inexpressif, comme absent.

Si au contraire ces abstractions résonnent en vous et vous impliquent, votre visage en sera un fidèle et subtil interprète.

Le visage est d'une rare finesse expressive, si on ne le censure pas intentionnellement comme pourraient le faire un joueur de poker ou un manipulateur.

Un frein subsiste cependant, souvent exprimé : « Je n'aime pas sourire : dois-je vraiment le faire ? »

Disons tout de suite qu'un sourire permanent ou forcé serait vite suspect, voire exaspérant. Il ne s'agit pas, lorsqu'on parle (fût-ce en public) de « plaire », ni de séduire de manière factice, sous peine de ressembler à un animateur de pacotille. Et rien de plus agaçant que ce « sourire du timide », qui quémanderait je ne sais quelle indulgence. Fuyons donc les sourires cosmétiques.

Cependant, communiquer c'est aussi ressentir un certain plaisir dans la relation à autrui et dans l'aboutissement d'une idée à laquelle on adhère

1. Alex Muchielli commente ainsi ce phénomène : « La communication est un fait global. La gestualité participe avec le langage à l'élaboration et à la production de sens. » (*Les situations de communication*, Eyrolles, 1991.)

soi-même. S'il y a effort de recherche et de concentration chez le cerveau gauche, il y a de la joie chez le cerveau droit, comme chez l'enfant tout heureux d'avoir trouvé une nouvelle idée.

Votre sourire « naturel » correspond donc à un sentiment intérieur, qui réchauffe votre relation à l'auditoire et éclaire, par moments, votre visage. Et votre regard : car, bien plus que la bouche, c'est votre regard qui sait sourire avec sincérité[1] (visage éloquent : fiche-conseils 28).

Le regard

Terminons ce rapide inventaire des outils d'expression du corps par le joyau de la communication : le regard. Communiquer, c'est d'abord établir et maintenir le contact par le regard. Le regard est action. L'absence de regard est vite insupportable à l'auditoire, qui ne peut s'empêcher de vous prêter des motifs plus ou moins pervers (fuite, lâcheté, manque de conviction, indifférence...).

En réalité, un regard absent est le plus souvent un regard qui se réfugie ailleurs : dans la conscience *interne* et la réflexion mentale[2].

Pour rendre votre regard actif : centrez-vous sur l'auditoire (passez en regard « externe »). Autant la phase de répétition mentale et de concentration décrite dans le chapitre 4 implique de se centrer en soi (conscience « interne »), autant il est essentiel de vous centrer maintenant sur votre public : *prenez*-le et *apprenez* de lui.

Sortez donc de vous-même et venez jusqu'à nous par le regard (cela peut représenter pour certains un effort, une habitude nouvelle : faites cet effort et vous en serez récompensé par un échange plus fort et mille découvertes réciproques). Le regard, c'est la vie de votre expression. Il est, avec votre voix, le seul trait d'union tangible, « physique », entre vous et votre public : le courant passe... Voyez-vous cela ?

En assemblée, sur scène, l'œil a peine à accommoder et à distinguer le regard de ses interlocuteurs. « Je regarde sans voir, le public est comme une masse confuse, j'ai l'impression d'être dans le brouillard... ». Ce phénomène est naturel : il est dû à la tension provoquée par notre émotivité et retarde ainsi le dosage par l'iris de la quantité différente de lumière qui pénètre notre œil à cet instant. Il faut en effet un léger temps d'accoutumance (vous n'aviez qu'à regarder d'abord en silence !). Regardez « sans voir » et, bientôt, vous verrez.

---

1. Méfiez-vous instantanément de ces personnes qui sourient à pleines dents mais dont le regard, lui, ne sourit pas. Il y a de la manipulation dans l'air...
2. Les spécialistes appellent ce type de regard : *défocalisé*. Car, à cet instant, le regard ne se focalise plus sur un visage, sur un interlocuteur, mais se fixe au loin, « dans le vide ».

En outre votre regard vous permettra de constater de visu la réaction de vos interlocuteurs : vous aurez ainsi, en temps réel, la réponse à votre message (ce qu'on appelle le *feed-back*, ou l'information en retour). Donc, taisez-vous et regardez (fiche-conseils 29).

5 fiches-conseils

25. *Le non verbal parle pour vous… ou contre vous*
26. *Ayez de la présence*
27. *Votre gestuelle est calme et vivante*
28. *Le visage est éloquent*
29. *Le regard, un courant qui passe*

Fiche 25 : Le non verbal parle pour vous… ou contre vous

Plus que les mots, c'est le langage non verbal qui persuade. Autant vous mettre d'accord avec lui : soyez « congruent »[1].

❍ **Le non verbal communique très bien : il ne sait pas mentir**

Le public est un animal très intuitif. Si vous n'êtes pas sincère, ou concentré :
– il se fiera à **55 %** du *visuel* : le corps ;
– il se fiera à **38 %** de l'*auditif* : la voix ;
– et ne croira vos *paroles* qu'à **7 %**.
D'où l'intérêt d'être congruent[2], c'est-à-dire authentique et présent.

❍ **Votre corps parle**

Voici les quatre grands « outils » du langage du corps *(body language)* :
- **Posture** : verticalité, ancrage au sol, centre de gravité dans le bassin, base en V.
- **Déplacements** : souples, dans les silences ou sur une transition (jamais sur l'idée). Éviter d'avancer/reculer, de jouer le lion en cage ou de faire la « danse de l'ours ».
- **Gestuelle** : sortir les bras de son corps ; gestes calmes, ouverts, à la taille.
- **Visage** : serein et expressif, sourire nuancé.
- **Regard** : présent, pétillant et attentif (vers les trois côtés).

❍ **Votre voix raconte bien**

Elle aussi a son « solfège » :
- **Volume** : tonus, de la voix lancée et soutenue à la confidence, articulation claire.
- **Intonations** : nuancées (du grave à l'aigu) et ponctuées (sur les finales).
- **Débit** : posé (150 mots/minute) sur les idées importantes.
- **Rythme** : débit plus vif sur les exemples et les commentaires.
- **Silences** : pauses respiratoires.

❍ **Deux conditions pour que le non verbal soit à l'aise et parle juste :**

1. Accepter de montrer ce que l'on *ressent* : être simple et spontané.
2. Réduire sa tension, le trac (*cf.* fiche-conseils 21) : apprendre à « se lâcher » et à respirer par le ventre (*cf.* fiche-conseils 23).

☞ **À l'oral, les mots ne suffisent pas, le corps et la voix *parlent* aussi. Soyez vous-même : ils parleront vrai.**

1. Congruence : concordance entre le non verbal et le discours.
2. Pr. Albert Mehrabian, UCLA.

Fiche 26 : Ayez de la présence

La présence, le charisme se lisent d'abord sur la posture. Posez-vous et soyez « centré », votre image en dépend.

❍ Trois priorités

- **Prise de terre** : l'émotion créant une tension vers le haut, laissez tomber tout le poids du corps, descendez votre centre de gravité le plus bas possible et enracinez-vous dans le sol. Être « centré », c'est le b.a.-ba des arts martiaux.

Pour cela :

- **Lâchez prise** : videz l'air en détendant le corps, les épaules, les bras et le visage.
- Et prenez possession de votre **territoire** : stabilisez votre base.
- Repérez votre **posture d'excellence,** faite de calme et d'énergie (« force tranquille »), et adoptez-la à chaque prise de parole en public. Elle vous va bien et vous ressemble.

❍ Prenez l'espace et sortez de votre corps

- Placez-vous au milieu pour avoir tout le groupe dans votre champ visuel.
- Déployez votre corps (*verticalité* de la stature, du port de tête) et dégagez les épaules.
- Il y a autour de vous un *cercle magique* (un mètre de diamètre) : habitez-le avec vos gestes, vous éviterez ainsi de paraître timoré.
- Dès que vous parlez, ne touchez plus votre corps : dégagez un peu vos bras, eux aussi veulent parler…
- Projetez votre conviction : sur les temps forts, avancez vos mains vers le public.

❍ Déplacez-vous de temps en temps, avec calme

- Pour créer l'écoute, stabilisez-vous d'abord (*arrêt sur image*). La zone de pouvoir, c'est le centre de la scène : *habitez-le*.
- Déplacez-vous tranquillement pendant vos silences ou les transitions.
- Pour montrer le tableau ou l'écran, remontez en silence afin de pouvoir rester tourné face au groupe : montrez l'image de côté, avec un geste ouvert.

❍ En animation de réunion

- Renforcez le contact : entrez dans le groupe et approchez-vous d'un participant.
- Pour désolenniser la relation, placez-vous un peu sur le côté, par exemple quand vous voulez inciter les membres du groupe à réagir ou à échanger, ainsi qu'en coanimation, pour laisser – un temps – la vedette à l'autre.
- Dans tous les cas, évitez de déambuler et marquez des temps d'arrêt.

☞ **Avoir de la présence, c'est être 100 % présent, *ici* et *maintenant*.**

Fiche 27 : Votre gestuelle est calme et vivante

Joignez le geste à la parole pour appuyer vos idées et montrer votre conviction.

❍ **Avant de parler**

- Laissez tomber vos bras, détendus naturellement le long du corps.
- Des bras détendus donnent des gestes *spontanés* : il ne vous reste plus qu'à les laisser parler.

❍ **Dégagez vos mains du corps**

Pour gagner en aisance et donner plus d'évidence à vos idées : ouvrez de temps à autre vos gestes vers l'auditoire.

❍ **Montez vos gestes à la taille**

- Pour faire vivre vos images, les dessiner devant vous.
- Un mouvement harmonieux part du coude, ce n'est pas la main qui dirige le geste.
- Évitez les bras serrés au corps ou cassés au coude : gestes étriqués, *petits bras*.

❍ **Affirmez votre conviction**

- Projetez vos gestes, ponctuez vos affirmations avec le geste.
- Un geste de conviction est forcément *synchrone* avec les mots.
- Allez au bout du geste, donnez-lui de l'intensité. Puis relâchez-le.

❍ **Ayez une gestuelle calme**

- Vos gestes sont sobres, sincères : pas d'« effet de manches ».
- Vos gestes sont détendus, ouverts : montrez la paume des mains.
- Vos gestes spontanés partent de la taille (position « *paysan* ») et non d'en haut (position « *salon de thé* »).
- Les gestes ambidextres ont une grande force, servez-vous en. Mais leur abus serait « théâtral » : alternez bras gauche et bras droit.

❍ **Ainsi, finis les attitudes fermées et les gestes-tics (on ne voyait plus que ça…) :**

- les mains dans le dos, dans la poche ou sur les hanches,
- les bras croisés sur la poitrine,
- les gestes nerveux, furtifs, *chasse-mouches*,
- les gestes évasifs, les mains molles – ou les poings serrés,
- l'index levé (dogmatique), pointé (menaçant), les mains *revolver*,
- les mains jointes, qui tricotent ou qui *s'en lavent les mains*,
- les mains pleines de stylos ou de marqueurs…

☞ **Soyez vivant : *osez* des gestes. Et soyez calme : *dosez* vos gestes.**

Fiche 28 : Le visage est éloquent

Vous n'êtes pas un acheteur, ni un joueur de poker… Alors laissez parler votre visage, ça va vous détendre.

❍ **Visage détendu**

- En parlant, ou en écoutant, laissez votre visage au repos : détendez le front, les sourcils et la bouche (*lâchez prise*).
- Un visage détendu détend aussi le public : les émotions sont contagieuses, profitez-en.

❍ **Ouvert**

Si vous ressentez de l'intérêt ou de la bienveillance, laissez votre visage en témoigner : pourquoi masquer un sentiment sincère ? C'est une bonne façon de créer le contact.

❍ **Mobile et expressif**

- Soyez *transparent*, votre visage deviendra mobile : il reflétera votre spontanéité, vos réactions, vos émotions.
- Un visage *congruent*[1] vous rendra crédible d'emblée.
- Si vous articulez bien (affirmation), votre visage sera encore plus expressif : le *haut* (voyelles) et le *bas* (consonnes).

❍ **Souriant, quand il le faut**

- Le sourire authentique vient de l'intérieur : sérénité, plaisir.
- Il évolue donc en fonction du contexte et de votre ressenti.
- Il s'exprime surtout par le regard : la « petite lumière » qui pétille.
- **Si vous êtes quelqu'un de très souriant** :
  - pensez à nuancer votre sourire, un visage serein, cela suffit bien ;
  - un sourire n'est donc jamais constant, cela pourrait vite agacer.
- **Si vous n'êtes pas quelqu'un de souriant** :
  - laissez tomber le masque, acceptez de sourire de temps en temps ;
  - la bonne humeur facilite les choses. Ça rend même aimable…

☞ **Votre visage, c'est ce que nous voyons. Que la photo soit parlante !**

1. Congruence : concordance entre le non verbal et le discours.

Fiche 29 : Le regard, un courant qui passe

Comme le courant qui passe, le regard crée le contact et permet un véritable « dialogue » à plusieurs.

❍ **Le regard est un miroir** : regard *reflet*
- Le trac crée une tension oculaire : rendez votre regard léger.
- Laissez le regard refléter vos émotions, vos nuances : plaisir, conviction, intérêt, surprise…
- Quand vous voulez sourire, c'est d'abord votre regard qui sourit.
- Et quand vous écoutez, regardez avec bienveillance.

❍ **Le regard est votre radar** : regard *périphérique*
- Placez-vous de manière à avoir tous les participants dans votre champ de vision et veillez à regarder les deux côtés du groupe.
- Comme le chef d'orchestre, avant de commencer, regardez l'auditoire en silence.
- Quand vous cherchez vos idées, regardez votre groupe : évitez les regards à terre, perdus au plafond ou par la fenêtre.
- En assemblée, regardez au plus loin dans la salle puis alternez vos zones de regard : tous se sentiront ainsi concernés.
- Développez le sens de l'observation : postures, gestes, mimiques. C'est en regardant son groupe qu'on peut capter son *feed-back*.

❍ **Le regard, c'est le courant qui passe**
- Quand vous parlez, allez chercher le regard d'un participant.
- Intéressez-vous à tout le monde, regardez aussi sur les côtés.
- Pas de regard « balayage-tour de table » : alternez spontanément vos regards, sans ordre particulier.
- Avec un groupe restreint, vous pouvez commencer en vous adressant à un regard *ami,* mais regardez peu à peu tous les autres participants.
- Après une idée forte, ponctuez-la par un regard tenu et un silence marqué.
- Et, à chaque phrase nouvelle, regardez un nouvel interlocuteur.

❍ **Un secret** : la victime change de rôle
- Au lieu de vous sentir regardé (victime) par chacun des spectateurs, c'est vous qui les observez avec bienveillance : inversez les rôles !
  Vous passerez ainsi de la tension… à l'attention.

☞ **Regardez-nous en nous parlant. Pas dans le vide : dans les yeux.**

Chapitre 7

Faire vivre sa voix

« C'est cette voix du cœur
qui seule au cœur arrive. »
Alfred de Musset

La voix : volume, intonations, débit

La voix est le chant de votre intelligence et de votre humeur. Comme le corps – elle en est elle-même issue – la voix est un remarquable ambassadeur.

Peut-être ne l'estimez-vous pas à sa juste valeur, ne serait-ce que parce que vous ne la connaissez pas vraiment (si ce n'est par répondeur ou vidéo interposés).

Précisons schématiquement le processus de la voix :

- Au départ, la voix c'est de l'air, emmagasiné et pulsé grâce au soufflet de la respiration.
- Sous la pression du diaphragme, cet air remonte progressivement dans la « colonne d'air » qui aboutit au pharynx.
- Cet air est mis en vibration au niveau des deux cordes vocales, qui le pincent plus ou moins pour le transformer en son aigu ou grave, c'est-à-dire en fréquences (« préamplificateur »).
- Les cordes vocales sont excitées par un influx nerveux, très sensible à l'émotivité.
- Ce son doit être enfin amplifié : son placement en gorge (larynx) donne un son *grave*, son placement en bouche un son *médium* et son placement dans la tête (fosses nasales, sinus et os creux du visage) donne un son *aigu*. Ces différentes zones sont autant de

résonateurs qui lui donnent son timbre (ils sont nos « haut-parleurs » naturels).
- Il ne reste plus qu'à articuler pour transformer cette voix en syllabes, en mots et en phrases. Entre-temps, la respiration reprend ses droits et « scande » notre émission par des pauses et des silences.
- Respiration, placement et articulation sont donc les trois phases successives qui nous permettent de *trouver notre voix* (fiche-conseils 30).

Encore faut-il en jouer pour qu'elle soit la fidèle servante de nos intentions et de notre engagement.

Voici un schéma qui conjugue trois éléments sur lesquels nous pouvons « moduler » et nuancer la voix : registre[1], volume et intonations.

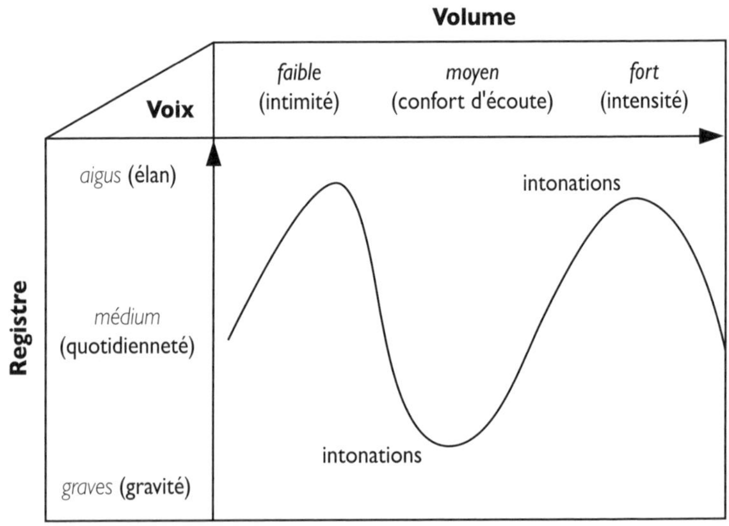

La voix est un orchestre

Pour traiter la voix de façon efficace, appuyons-nous sur les quatre réflexions les plus fréquemment émises : elles posent avec bon sens les questions à résoudre en priorité.

1. Le registre va de nos sons les plus graves à nos sons les plus aigus. En chant, ce registre vocal est appelé *tessiture*.

Voici une analyse synthétique qui permet d'apporter des solutions – non pour des professionnels chevronnés de la voix – mais applicables par chacun au quotidien.

Première réflexion, souvent émise avec amertume : « *Je n'ai pas de voix* ». Bien que fausse dans sa formulation, cette confidence pose la priorité numéro 1, celle du volume, de la puissance de notre voix.

Volume

Ce qui nous empêche en effet de donner à notre voix de la puissance – ce que nous savons cependant faire quand nous sommes en colère – tient à plusieurs raisons.

- D'abord, dans 95 % des situations du quotidien, nous nous adressons à des personnes situées à 1 m ou 1,5 m de nous. Nous avons donc pris pour habitude de régler notre volume sur une très courte distance, pour laquelle un volume intimiste peut en effet suffire.
- Cette même habitude nous a entraîné à garder notre voix « dans » notre corps, au lieu de la « porter » à l'extérieur. Comme si nous nous parlions à nous-mêmes (les comédiens appellent cela *parler dans ses bottes*). Pour peu que notre parole soit plus celle de la réflexion que de l'émotion, plus centrée sur l'interne que donnée aux autres, il n'est pas surprenant que nous nous soyons habitués à sous-employer notre puissance vocale, un peu comme un moteur de voiture qui serait « bridé ». En réalité, nous avons de la voix mais nous ne savons pas bien comment la libérer.
- La fiche 30 vous dit comment parler avec tonus, « monter le volume ».

C'est le sens du deuxième constat souvent exprimé sur un ton désenchanté : « *Je sais que je parle de façon monotone.* » Beaucoup, il est vrai, tombent dans ce travers : leur expression est, de fait, dépourvue d'intonations et provoque vite ennui et lassitude.

Intonations

Les intonations sont à la voix ce que les gestes sont au corps : ce sont elles qui donnent vie aux propos et qui marquent l'implication, la conviction de l'intervenant. Elles communiquent notre spontanéité et cette expressivité naturelle que nous avons au quotidien. L'absence d'intonations donne vite aux paroles l'allure d'un discours récité : bâillements dans la salle assurés...

Comme les gestes, en effet, nos intonations traduisent nos intentions et les mettent en relief. Elles impriment leur *rythme* aux phrases.

Conseils pratiques pour donner du relief à ses intonations

- Se centrer sur l'auditoire (et non se parler à soi-même), en étant attentif à l'impact de ses paroles : le regard joue ainsi un grand rôle dans la « mise en intonations ».
- La langue française (langue d'oïl) a la particularité d'être la seule langue au monde à ne pas comporter d'accent tonique (à la différence des accents du sud, issus de la langue d'oc, qui marquent l'intonation, c'est-à-dire l'*accent de hauteur*). Cette habitude linguistique qui nous est propre peut conduire à une expression plate. Pour combattre ce risque, accentuer le mot essentiel de la phrase : « La solution que je vous propose est intéressante *à double titre* : en effet... » (Éviter cependant de « taper » trop de mots comme peuvent le faire certains commentateurs sportifs ou, à la radio, la plupart des communiqués publicitaires). L'accent tonique se veut pédagogique et non bateleur.
- En particulier, articuler plus distinctement les mots importants : l'intonation, l'accent d'insistance viendront naturellement et fortifieront la puissance de la voix.
- Articuler marque en outre votre détermination et vous donnera présence et autorité : exercez-vous avec des phrases techniques amusantes (fiche-conseils 33).
- Ponctuer nettement les « finales », c'est-à-dire la dernière syllabe de ses phrases. C'est en effet cette syllabe qui a la charge de cibler précisément où l'on veut placer le sens :
  - ponctuée vers le haut : si l'on émet une question, une hypothèse, un doute (intonation ouverte) ;
  - ponctuée vers le bas : si l'on décide, affirme... comme deux et deux font quatre (intonation fermée) (fiche-conseils 31).
- Mais être expressif à l'oral, c'est aussi faire des **silences** et laisser parler ses **émotions**... C'est d'ailleurs ainsi qu'un acteur exprime son talent avec le plus de force. Prenez l'habitude (vite confortable) de faire *volontairement* de vrais silences : ils sont la ponctuation orale de votre propos, mettront vos idées en valeur, vous permettront de mieux sentir les réactions de l'auditoire et, surtout, ils vous donneront le temps de laisser monter vos ressentis, de les (re)vivre au présent, et de nous les transmettre avec vérité (fiche-conseils 32).
- Enfin, il y a un excellent moyen d'apprendre à donner du relief à vos intonations et à mettre en scène vos silences et vos émotions : amusez-vous à inter-

prêter une même phrase dans des **intentions** variées (ex. : le ton devient tour à tour : joueur, grave, chaleureux...). C'est un grand classique pour les comédiens débutants : rappelez-vous Fernandel dans *Le schpountz* de Pagnol. Vous avez le choix plus loin entre vingt citations proposées, belles ou drôles : choisissez-en quelques-unes et « faites l'acteur » ! Vous saurez vite parler en public avec plus de justesse et d'impact (fiche-conseils 34).

Débit

Un troisième constat, l'un des plus fréquents, porte sur le débit : « *Je sais que je parle trop vite* ».

En situation de prise de parole en public, beaucoup de gens parlent en effet trop vite. Plusieurs raisons à cela :

- rapidité de traitement du cerveau droit,
- tension émotionnelle,
- anticipation de l'idée suivante,
- dévalorisation de soi (« fuite en avant par les mots »),
- indifférence par rapport à la phrase émise (banalité),
- manque de concentration,
- méconnaissance du temps d'assimilation nécessaire à ses interlocuteurs,
- respiration trop rapide (vers le haut)...

Les inconvénients d'un débit trop rapide sont très pénalisants pour l'auditoire comme pour soi-même :

- pour l'auditoire : difficulté à assimiler, mémoriser et adhérer (et sensation de banalité de l'idée, ou d'indifférence de la part de l'orateur) ;
- pour soi : respiration oppressée, phrases inexpressives, déconcentration et risques de trous...

Avoir un débit calme, posé, est donc une priorité absolue.

Conseils efficaces pour avoir un débit calme face au public

- S'imposer – consciemment – de ralentir de 10 à 15 % (comme on le fait en voiture à l'approche d'un carrefour).
- Se caler sur un tempo interne de respiration plus lent (et le contrôler régulièrement).
- Faire des pauses respiratoires fréquentes, qui freinent la précipitation.

- Être « dans ses mots », concentré (et non courir après l'idée suivante).
- Prendre le temps d'articuler.
- Faire des phrases courtes et des silences.
- Se convaincre que la force de l'oral est précisément faite de mots et de silences « habités ».
- Si vous ralentissez, l'auditoire pourra vous suivre : parlez à son rythme.
- Et faites silence : les silences scandent le sens et appellent l'attention (fiche-conseils 32).

En conclusion de ces conseils sur la voix, précisons que le processus vocal conjugue différents processus :

– respiratoire : le souffle,
– mental : l'inspiration (cerveau *droit*),
– intellectuel : l'élaboration de l'idée, des mots (cerveau *gauche*),
– intentionnel : l'émotion.

Parler, c'est respecter le schéma suivant :

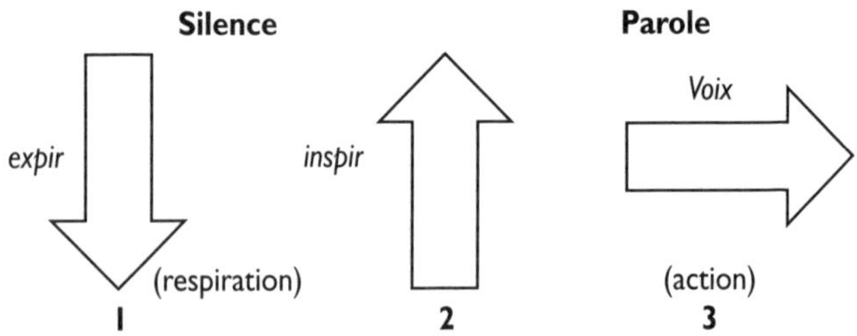

1. Vider l'air : se détendre (l'auditoire assimile la phrase précédente).
2. Inspirer : se concentrer en silence (l'auditoire devient attentif, effet de suspense).
3. Parler : projeter sa voix (l'auditoire découvre l'idée).

Les trois temps de la prise de parole

La prise de parole se fait en trois temps :

1 - *à vos marques* 2 - *prêt ?* 3 - *parlez !*

« L'expression orale » est en réalité une formulation impropre, car la parole en public passe par trois vecteurs :

– l'expression corporelle,
– l'expression vocale,
– et l'expression verbale, c'est-à-dire le langage.

5 fiches-conseils

30. *Votre voix est un orchestre*
31. *Soyez expressif et variez le ton*
32. *Parlez aussi avec vos silences et vos émotions*
33. *S'amuser à articuler*
34. *Jouer sur les intentions*

Fiche 30 : Votre voix est un orchestre

Entendez-vous : vous avez une bonne voix !
Jouez-en pour faire vivre vos idées, vos humeurs et vos convictions.

❍ **Parlez avec tonus**

- Respirez largement par le ventre et libérez votre voix en vous adressant d'abord à la personne la plus éloignée.
- On veut vous entendre : parlez 10 à 15 % plus fort que dans la vie courante, cela suffira. Et articulez clairement.
- Impliquez-vous vocalement : soyez tout entier dans les mots, dans votre conviction.
- Projetez votre voix avec énergie. Ça s'appelle *faire porter* sa voix. Lancez-la comme un ballon au-dessus d'un filet (pensez à l'image du volley-ball ou du badminton) : « donnez de la voix ».

❍ **Modulez le volume**

- Vous voulez trouver le bon niveau : écoutez-le en utilisant votre oreille externe.
- Marquez votre détermination : montez le volume et articulez.
- Créez un moment d'intimité : parlez plus doucement, tout en restant audible.
- Évitez la monotonie : variez l'intensité de la voix en fonction de l'intention.

❍ **Nuancez le registre vocal**

Selon vos idées et vos humeurs, alternez la *hauteur* : graves, médium et aigus.

- **Aigus** : laissez-la monter vers le haut (sinus, fosses nasales et os creux du visage).
- **Médium** : placez-la en bouche (dans le *masque*) ;
- **Graves** : mettez du *corps*, descendez votre voix pour avoir du *coffre* (violoncelle) ;

❍ **Accentuez vos idées**

- Mettez en valeur les mots-clés par un accent tonique.
- Ponctuez vos finales : marquez la question ou l'affirmation.
- La voix est musique, jouez des tonalités : voix *acier*, voix *coton*, voix *velours*...

❍ **Autorisez-vous à « prendre » la parole**

Autorisez-vous à affirmer et à avoir ainsi, outre votre présence physique, une vraie présence vocale.

❍ **En assemblée**

- Répétez sur place et vérifiez qu'on vous entend bien jusqu'au dernier rang. Sinon utilisez un micro (micro-cravate, -casque, -main).
- Si c'est un micro-main : tenez-le droit, proche du menton, le bras contre le buste. Ne le baladez pas, changez de bras de temps à autre.
- Et... aimez votre voix sonorisée.

☞ **La pensée est un opéra, votre voix est un orchestre.**
À vous *maestro* !

Fiche 31 : Soyez expressif et variez le ton

Variez le ton, car c'est l'intonation qui transmet l'intention.
Chaque idée a sa tonalité :
affirmez / exprimez / rassurez.

❍ **AFFIRMEZ** : parlez sur un ton **carré**
- parlez fort, net, précis ;
- articulez ;
- et ponctuez vos phrases avec détermination.

❍ **EXPRIMEZ** : parlez sur le ton de la **conversation**
- votre ton est posé, égal ;
- votre débit est calme, le volume est moyen ;
- et votre articulation est souple.

❍ **RASSUREZ** : parlez sur un ton **détendu**
- souriez, cela vous fera *lâcher prise* vocalement ;
- ralentissez le débit et baissez un peu le volume.

Vous êtes MONOTONE ? Lancez la voix en haut en début de phrase !

La phrase française, dépourvue d'accent tonique, prend son relief en **montant** d'abord vers l'*aigu*, puis redescend peu à peu en marquant un **pic** à chaque palier, et **se ponctue en bas** (*grave*) en posant l'idée : point d'orgue.

ton monotone = phrase dite à plat :

ton vif = phrase dite avec des intonations variées (spontanéité)

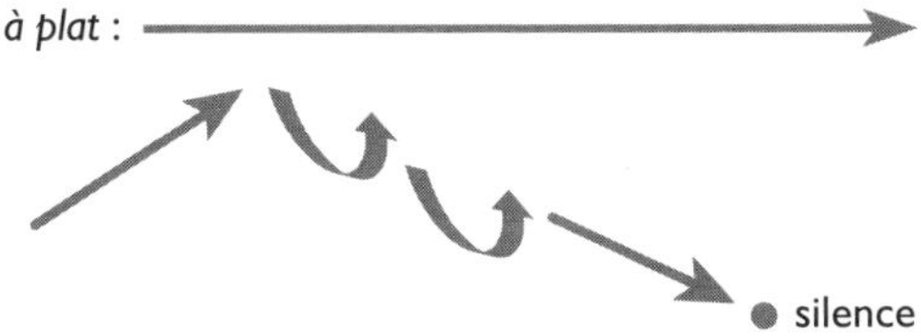

Marquez un **silence** : laissez-nous le temps d'assimiler et d'adhérer (1 seconde).

☞ **Plus le ton est spontané, plus vous serez expressif et convaincant.**

Fiche 32 : Parlez aussi avec vos silences et vos émotions

Dire des mots ne suffit pas : c'est dans ses silences et avec ses émotions, qu'un acteur exprime aussi son talent.

« *Quand on a entendu du Mozart, le silence qui suit est encore du Mozart…* »
Sacha Guitry

❍ FAITES DES SILENCES

- **Attention à la logorrhée**
  En public, la tension provoque fréquemment une « fuite en avant », par un flot de paroles qui se succèdent en continu.
  Combattez ce réflexe de logorrhée propice à tous les « loupés » : osez faire silence.
- **Le silence met en valeur la pensée**
  – Marquez un silence pour souffler un peu et élaborer l'idée à venir.
  – Laissez-nous ainsi le temps de décrypter et d'apprécier vos idées.
  – En cours de phrase, faites des pauses (= les *soupirs* dans une partition de musique).
- **Il crée du suspense** (*teasing*)
  Avant de révéler l'idée forte, ou de répondre à une question importante, le silence suscite une attente particulière et attise l'intérêt du public en mobilisant son écoute.
  De même, après un temps fort ou un mot important, un silence voulu (effet *loupe*) nous permettra de mieux fixer votre idée.
- Faire silence, c'est aussi écouter.
  En situation d'écoute (question, échange), le silence reflète votre intérêt.
  Il vous permet de vous concentrer pour : comprendre/réfléchir/élaborer la réponse juste.
  Il constitue aussi une invitation-incitation à votre interlocuteur pour qu'il réagisse : le silence est « la » question ouverte par excellence.
  En même temps, il vous permet d'observer et de prendre la température (*feed-back*).

❍ VIVEZ VOS ÉMOTIONS

Le piège habituel est de cacher son trac sous une neutralité émotionnelle apparente et de parler à froid : discours « pâle-incolore-inodore-et-sans saveur » assuré !

- Mieux vaut « troquer » son émotivité avec son ressenti, sincère et sobrement exprimé.
- Grâce au silence, l'émotion a le temps de monter en soi, de se manifester. Les émotions étant contagieuses, vous réussirez ainsi à les faire partager et à nous toucher.
- Fruit de la sensibilité, l'émotion compose un cocktail délicat de sentiments à partir des quatre émotions fondamentales que sont la **joie**, la **colère**, la **tristesse** et la **peur** : ce sont vos *humeurs* qui donnent vie au non verbal, et plus d'impact à l'expression.

☞ **Une phrase/un silence : l'idée respire, ponctuée par des pauses. Vous avez ainsi le temps de revivre et transmettre l'émotion.**

Fiche 33 : S'amuser à articuler

Votre visage aurait besoin de faire un peu de sport !
Articuler, ça donne de la présence et de l'autorité.

« *Ce qui se conçoit bien s'énonce clairement…* »
Boileau

❍ **Gagnez en énergie** (*maxillaires et face*)
- Le fisc fixe exprès chaque taxe fixe excessive exclusivement au luxe et à l'exquis.
- Petit pot de beurre quand te dépetitpotdebeurreriseras-tu ? Je me dépetitpotdebeurreriserai quand tous les petits pots de beurre se seront dépetitpotdebeurrisés.
- Un essaim d'insectes erre autour du Saint-Nectaire sec du nain sectaire.

❍ **Gagnez en précision** (*lèvres*)
- Un banc peint blanc plein de pain blanc un blanc banc peint de blanc pain.
- Dix-huit chemises fines et six fichus fins.
- Un vieux voyou voleur voulait voler Violette.

❍ **Gagnez en netteté** (*langue, dents, palais*)
- Ton thé t'a-t-il ôté ta toux dis donc ?
- Didon dîna dit-on d'un os du dos d'un dodu dindon.
- Trois grands dragons gradés, trente-trois grands dragons gradés.

❍ **Gagnez en clarté** (*ouverture de la bouche*)
- Oh ! La belle grosse grasse blanche fille comme elle a de beaux gros gras blancs bras !
- Grande cathédrale quand te décathédraliseras-tu ?
  Je me décathédraliserai quand toutes les grandes cathédrales se seront décathédralisées.

❍ **Gagnez en douceur** (*allongement des syllabes longues*)
- Douze douches douces, douze douches douces.
- J'aime qu'on m'aime comme j'aime quand j'aime quand même.

❍ **Et pour équilibrer le tout** (*maxillaires, langue, lèvres*)
- Les croyants qui prient sur l'Acropole ne peuvent pas prier quand les corbeaux peuvent croasser.
- Les six chemises de l'archiduchesse qui séchaient chez Sacha qui chassait sans son chien sont sèches, archisèches.
- Ces cent six sachets sachez cela si chers qu'Alix à Nice exprès tout en le sachant chez Chasachax choisit sont si chers chaque si chers qu'ils charment peu.

☞ **Ça n'a pas de sens, mais c'est très efficace.**
Prenez plaisir à articuler.

Fiche 34 : Jouer sur les intentions

Faites l'acteur : choisissez une citation et interprétez-la à haute voix en changeant d'intention.

(Ex. : ton amusé, grave, affirmé, enthousiaste, chaleureux...)

1. « *Quand un homme rêve seul, c'est un songe. Qu'ils soient plusieurs à rêver et c'est une réalité.* » (Armand Gatti)
2. « *Regarde au loin, ne regarde pas en arrière. On déraisonne quand on veut toujours connaître les raisons.* » (Francis Picabia)
3. « *Méfiez-vous toujours de la première impression : c'est généralement la bonne, surtout quand elle est mauvaise.* » (Sacha Guitry)
4. « *Le bonheur c'est d'être heureux ; ce n'est pas de faire croire aux autres qu'on l'est.* » (Jules Renard)
5. « *Le silence est un si beau sujet que l'on pourrait en parler pendant des heures.* » (Jules Romains)
6. « *Ce n'est pas parce que les choses sont difficiles que nous n'osons pas, c'est parce que nous n'osons pas qu'elles sont difficiles.* » (Sénèque)
7. « *Tant que l'homme sera mortel, il ne sera jamais décontracté.* » (Woody Allen)
8. « *C'est quand il n'y a plus rien à espérer qu'il ne faut désespérer de rien.* » (Rudyard Kipling)
9. « *Il suivait son idée. C'était une idée fixe et il était surpris de ne pas avancer.* » (Jacques Prévert)
10. « *Devenir adulte, c'est choisir son moyen de rester enfant.* » (André Comte-Sponville)
11. « *Chacun se croit seul dans son enfer : c'est ça l'enfer.* » (René Girard)
12. « *On ne se débarrasse pas d'une habitude en la flanquant par la fenêtre, il faut lui faire descendre l'escalier marche par marche.* » (Mark Twain)
13. « *Les grands événements arrivent toujours sur des pattes de colombe.* » (Friedrich Nietzche)
14. « *La science, c'est ce que le père enseigne à son fils. La technologie, c'est ce que le fils apprend à son papa.* » (Michel Serres)
15. « *La liberté, ce n'est pas pouvoir ce que l'on veut, c'est vouloir ce que l'on peut.* » (Jean-Paul Sartre)
16. « *Si tu veux aider quelqu'un à changer, vois-le comme s'il avait déjà changé.* » (Confucius)
17. « *Ce que nous devons apprendre à faire, nous l'apprenons en le faisant.* » (Aristote)
18. « *Tu sais, c'est pas le tout de s'aimer, il faut aussi se le dire.* » (Louis Jouvet)
19. « *Si vous êtes complètement sincère, ce que vous faites, ce que vous dites conviendra aux autres.* » (Marc Chagall)
20. « *Le secret d'ennuyer est de tout dire.* » (Voltaire)

☞ **Soyez clair sur l'intention, c'est elle qui rend juste et percutant.**

Chapitre 8

Parler en style oral

« Le meilleur style est celui qui se fait oublier. »
Stendhal

Le langage de l'oral

Pour aborder ce domaine, partons paradoxalement de son « contraire » : les tics verbaux, sortes de « ratés » de langage qui, par contraste, feront mieux comprendre comment procède la langue orale.

À l'oral, chacun a tendance à émettre des tics verbaux (certains en abusent de manière un peu parasitante).

L'explication de ces tics tient au principe de base du langage, qui est que la parole fixe[1] la pensée et ne la suit pas. Ainsi, les tics verbaux sont l'équivalent à l'oral des *ratures* d'un brouillon écrit. L'inconvénient réside dans le fait que l'oral ne permet pas de corriger ou d'effacer les imperfections du premier jet. Pour éliminer vos tics, si vous en avez : réconciliez-vous avec le silence (fiche-conseils 35).

Les tics sont donc les « jokers » de la phrase qui se cherche et révèlent que le cerveau gauche (démarche linéaire) est plus lent à trouver les mots justes que le cerveau droit (démarche globale) à lui souffler les idées. Le processus laborieux et complexe d'élaboration du langage nécessite le temps d'un monologue interne (que révèlent bien ces regards perdus dans je ne sais quel détail de la moquette ou du plafond).

1. De même que l'apport de la linguistique a permis à la psychanalyse – grâce à Jacques Lacan – de mettre en évidence que l'inconscient est structuré comme un langage.

Le phénomène de création du langage est manifeste : il réside dans un accouchement perpétuel de la pensée, idée après idée, phrase après phrase, et cet accouchement n'est pas toujours sans douleur. À cette difficulté naturelle, deux solutions : l'une mauvaise et l'autre bonne.

Première solution : rédiger à l'avance l'intégralité de son intervention, puis l'apprendre par cœur ou bien la lire « mot à mot ». Mais cette solution présente des inconvénients majeurs : artificialité, langage inapproprié (l'oral n'est pas l'écrit), expression figée, ton monocorde ou théâtralité et emphase. Paradoxalement, elle est en outre la plus stressante.

Le discours rédigé doit être exclusivement réservé à des interventions à caractère officiel, « politique », où la moindre erreur pourrait être lourde de conséquences. Dans ce cas, mémoriser, répéter et se former à lire un texte à voix haute en lecture décalée tout en regardant le public (il s'agit ni plus ni moins d'un « travail d'acteur »), ou bien lire sur un prompteur… procédé commode mais déshumanisant.

La deuxième solution, qui préserve la spontanéité du langage oral et la liberté de l'expression (visage, gestuelle, intonations…), consiste à improviser ses phrases de l'instant à partir d'une structure préparée et de mots clés préalablement choisis (voir chapitre 2 : Préparer sa présentation) ; à ralentir son débit et faire des pauses pour se donner le temps de trouver les mots justes (quelques dixièmes de seconde suffisent) ; et à respecter les conditions de la « loi de l'oral ».

La loi de l'oral

L'oral n'est pas l'écrit. Voici un exemple : « L'écrit permet en effet d'exprimer une idée complète, avec ses principales nuances, en une phrase riche et structurée, dont la syntaxe – plus ou moins complexe – aide le lecteur à repérer les différents niveaux de sens et leurs relations mutuelles. »

Cette phrase, volontairement longue (plus de quarante mots) est un exemple de la capacité qu'à le lecteur de freiner sa vitesse de lecture ou de relire le passage incompris.

À l'oral, cette adaptation est impossible : le rythme dépend non de l'auditeur mais de l'orateur et la mémoire de l'instant ne permet pas d'emmagasiner un grand nombre d'informations. D'où cette double nécessité impérieuse :

1. dire les idées une par une ;
2. parler en phrases courtes.

L'oral implique donc d'observer une démarche progressive de pensée : « Une idée, une phrase, un point, un silence » et d'utiliser une syntaxe simple et directe (propositions indépendantes).

Il implique également de limiter la longueur de ses phrases à quinze mots au maximum (cette phrase comporte précisément… quinze mots)[1]. Au-delà, l'écoute et la compréhension chutent brutalement, en fonction des capacités *mnésiques* des différents interlocuteurs (voir fiche-conseils 36).

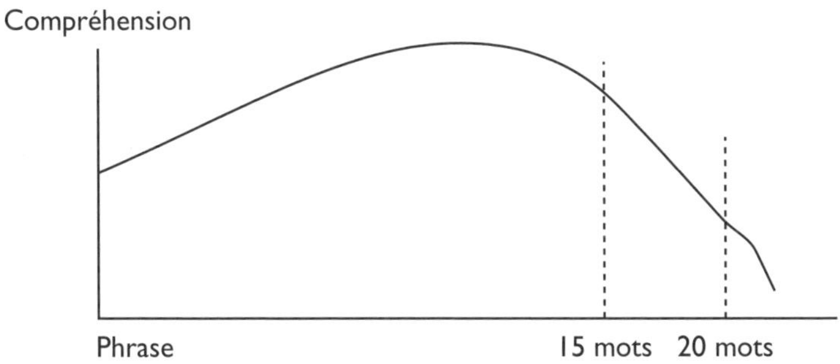

Prolongeons cette « loi de l'oral » par ces dix conseils de bon sens.

1. Dites les idées une par une (découpez l'idée en étapes progressives).
2. Dites l'essentiel : ne dites pas tout.
3. Faites un effort de concision : quinze (à vingt) mots maximum.
4. Privilégiez une syntaxe directe : propositions indépendantes.
5. Imposez-vous un vocabulaire précis.
6. Adaptez votre niveau de vocabulaire à l'auditoire.
7. Parlez avec un débit calme (votre *tempo* de confort).
8. Faites une pause respiratoire tous les cinq à six mots.
9. Marquez un silence entre chaque phrase.
10. Reformulez l'idée après quatre ou cinq phrases.

1. L'*empan* de la langue française – c'est-à-dire la longueur maximum d'une phrase (pour qu'elle soit compréhensible et mémorisée par tous) – est en effet d'une quinzaine de mots.

En observant ces dix conseils de base de l'expression orale, vous communiquerez vos idées avec plus de clarté, vous trouverez le temps d'élaborer votre vocabulaire, vous pourrez vous impliquer physiquement et vocalement… et contrôler votre trac.

Les conseils rappelés ci-dessus vous donnent les moyens d'être clair. Ce n'est pas assez, car il vous faut encore intéresser et persuader votre public.

Pour vous y aider, voici une méthode qui s'inspire des travaux de Paul Watzlawick, chercheur à l'Institut de Palo Alto[1]. Elle repose sur la distinction linguistique fondamentale entre langage « digital » et langage « analogique ». Clarifions cela.

Lorsque vous vous adressez à un public, vous devez à la fois satisfaire son exigence rationnelle d'objectivité (son hémisphère gauche est vigilant) et toucher sa pensée globale, imaginative et intuitive (son hémisphère droit adore les raccourcis saisissants). Vous devez donc à la fois le convaincre et le persuader, c'est-à-dire mettre en œuvre une double approche : digitale et analogique.

Éclairons ces deux termes par une image concrète. Il y a quelques années étaient en vogue les montres à cadran digital, qui offraient l'intérêt d'indiquer l'heure à la minute (voire à la seconde) près. Leur *précision* est en effet nécessaire dans toutes les disciplines physiques, scientifiques, astronomiques, sportives, etc.

Cependant, les particuliers sont revenus aux montres à cadran analogique, dont les deux aiguilles donnent instantanément une *indication* de l'heure et permettent de la consulter d'un seul coup d'œil.

Votre auditoire « fonctionne » ainsi : exigence de précision (langage digital) et appétit d'image, de comparaison (langage analogique).

Prenons un premier exemple, à propos de la communication :

langage digital	**langage analogique**
être congruent	parler « cartes sur table »

1. Californie. À la fin des années 50, des chercheurs représentant l'ensemble des sciences humaines ont confronté leurs approches pour enrichir la connaissance des processus physiologiques, cérébraux, psychologiques, mentaux et cognitifs.

Entre ces deux modes de langage, l'un technique et l'autre approximatif, existe un mode « neutre », compréhensible par tous bien que peu expressif.

Reprenons l'exemple précédent :

langage digital	**langage neutre**	**langage analogique**
être congruent	dire vrai	parler « cartes sur table »

Vous avez à votre disposition ces trois registres sémantiques :

- digital : quand il vous faut être précis (mais assurez-vous que tous les participants connaissent le sens du mot ou bien traduisez-le, ne « jargonnez » pas ! ») ;
- neutre : pour exprimer en termes usuels des choses ou des idées simples et courantes ;
- analogique : pour renforcer par l'image l'impact de l'idée et sa mémorisation.

Le fait d'alterner ces trois registres donnera à votre vocabulaire plus de diversité et de relief, « parlera » davantage à la totalité de l'auditoire et rencontrera une meilleure adhésion de sa part, tous hémisphères confondus. Votre pensée doit se mettre *dans tous ses états* de langage.

La métaphore

Il vous reste un dernier « atout » pour capter l'attention du public et faciliter sa compréhension, (lorsque votre concept lui est *a priori* peu connu) : la *métaphore*[1], qui correspond d'ailleurs au « starter » conseillé pour votre introduction (chapitre 2). Cette approche métaphorique séduira davantage l'écoute et la mémoire, elle sera pédagogique vis-à-vis du profane, en l'aidant à partir de ce qu'il connaît déjà pour comprendre ce qu'il ne sait pas encore. Comme une rampe aide à gravir plus facilement un escalier un peu raide (ne serait-ce pas là une métaphore… ?).

1. Substitution analogique par une image.

Bien entendu, usez de la métaphore sans en abuser, car l'on sait que « comparaison n'est pas raison » et l'excès de métaphores deviendrait vite indigeste ou démagogique.

Quelques exemples de métaphores :

– la conjoncture : *les vaches grasses, les vaches maigres*
– la tradition orale : *le bouche à oreille*
– se faire face en silence : *se regarder en chien de faïence*
– le lancement du paquebot « France » : *« Le France vient d'épouser la mer »*[1]

Ou encore :

« *Il y avait un jour deux frères inséparables. L'un était sceptique, froid et raisonnable, l'autre était enthousiaste, chaleureux et créatif. Le premier devint géomètre, le second entraîna ses semblables. Le premier s'appelait* Cerveaugauche *et le second* Cerveaudroit ».

Lorsque vous voulez expliquer, convaincre, soyez précis, pertinent et réaliste. Vous rassurerez ainsi le conscient (hémisphère gauche).

Mais si votre ambition est de persuader et d'entraîner, adressez-vous aussi à l'inconscient (hémisphère droit) de votre auditoire. Et pour cela, utilisez une *métaphore*.

La métaphore, qui est une comparaison plus ou moins développée, *opère pour l'auditeur une sorte de raccourci, de court-circuit : d'abord un effet de surprise pour la raison (non sens), puis soulagement, plaisir et auto-persuasion d'un surcroît de sens.*

Rappelez-vous les processus spécifiques des deux hémisphères : déjouez la vigilance du cerveau *gauche* en subjuguant l'imagination du cerveau *droit*.

Il est impossible pour l'inconscient de distinguer entre les expériences réelle et imaginaire.

Pour le cerveau droit, la métaphore est aussi *vraie* que le vrai.

L'inconscient[2] ne fait pas de différence entre passé, présent et avenir.

Pour le cerveau droit, une métaphore ancienne ou située dans le futur, est aussi vraisemblable que la réalité d'aujourd'hui. L'adhésion à un rêve, à une espérance repose sur cette faculté naturelle de notre inconscient.

---

1. De Gaulle, 1962 au Havre.
2. Le terme *inconscient* n'a pas ici le sens de l'inconscient freudien (refoulement), mais celui d'un réflexe *non conscient* : la vitesse de traitement de l'hémisphère droit ne permet pas en effet son auto-analyse en temps réel. Cet inconscient repose sur les propriétés d'association, d'analogie, d'anticipation et de visualisation du cerveau droit. C'est donc bien cet hémisphère qu'il s'agit de *persuader*. La métaphore en est la voie royale.

Pour construire une métaphore, changez le contexte.

Changez univers, temps, lieux, personnes, métiers… et changez la fin : rendez-la positive et donnez ainsi envie d'espérer et d'adhérer. Vos auditeurs trouveront en eux l'énergie pour réussir.

Des exemples de métaphores ?

Le poète, le visionnaire (Martin Luther King : *J'ai fait un rêve…*), l'écrivain, l'éducateur, le savant (Freud et le *complexe d'Œdipe*), l'humoriste, le conteur, le publicitaire : tous utilisent des métaphores.

Comme *Ariane*, la métaphore est le lanceur des « satellites » de vos idées. Vous connaissez d'ailleurs bien les métaphores du *manager* comparé à *un chef d'orchestre*, *un entraîneur sportif* ou *un capitaine de bateau.*

Grâce à la métaphore, nous avons ainsi à notre disposition quatre modes de langage :

digital	**neutre**	**analogique**	**métaphorique**
être congruent	dire vrai	parler « cartes sur table »	l'homme qui ne savait pas mentir

Les quatre modes du langage

La métaphore a une telle force expressive qu'il convient de ne pas en abuser : appliquez-la uniquement aux points clés de votre propos. Alternez les trois autres modes, qui donneront plus de diversité et de vie à votre expression orale.

Avec ces différents modes, vous avez en mains quatre atouts majeurs, que vous rendrez d'autant plus convaincants si vous veillez à rendre votre langage oral plus *actif* et plus vrai. Pensez et parlez :

– positif	– affirmé	– présent
– précis	– valorisant	– simple.

Entraînez-vous au quotidien à fuir les mots noirs, la langue de bois, à parler clair et… parler vrai (fiche-conseils 37).

3 fiches-conseils

35. *Vous avez des tics. Silence SVP !*
36. *Pas de laïus… parlez simplement*
37. *Fuyez les mots noirs et la langue de bois*

Fiche 35 : Vous avez des tics. Silence SVP !

Si vous enfilez vos idées à la queue-leu-leu, vous allez avoir des tics !
Écoutez... et... et puis... alors... donc... hein... ben... quoi... etc.
***Euh...* Qu'est-ce que je disais, déjà ?**

❍ **Gare aux énumérations !**

- Si vous délayez, vos idées vont finir par se ressembler : elles auront toutes la même couleur gris pâlichon. En plus, votre ton sera évasif. Comment vous croire ?
- De plus, vous allez *perdre le fil* et avoir un *trou*. Vous l'aurez bien cherché...
- Les phrases bourrées de tics, interminables comme un train de marchandises, c'est inécoutable : si vous parlez en boucle, on s'y perd et on décroche. Silence, *SVP !*

Phrase *en l'air* comme du linge suspendu à vos tics.

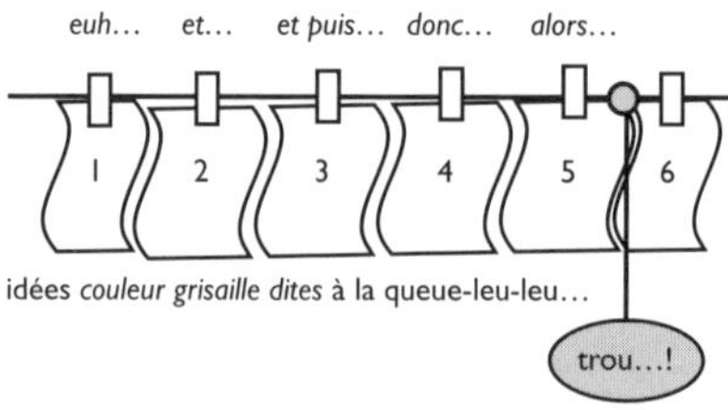

Vite : **atterrissez !**

❍ **Parlez en couleur**

Chaque idée est *ponctuée* par un silence : la phrase respire et retrouve ses couleurs.

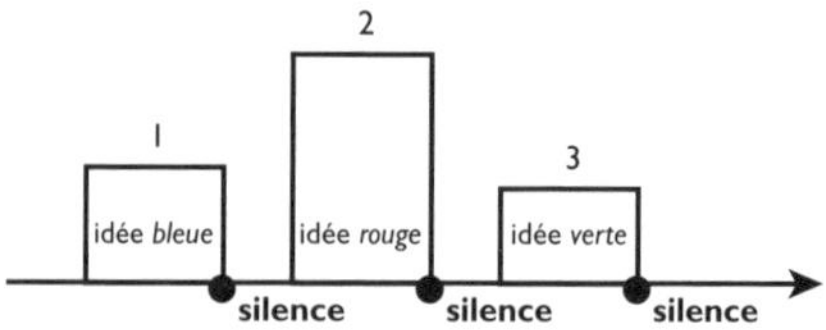

❍ **Ne pensez pas à la phrase d'après : chaque chose en son temps**

- Soyez à 100 % dans ce que vous dites ; parlez en phrases indépendantes.
- À l'oral, mieux vaut ne pas tout dire ; dites-en moins, vous le direz mieux.

❍ **Faites vivre ce que vous dites**

- Chaque idée a sa couleur : laissez parler l'humeur et variez le ton.
- Affirmez vos idées, ponctuez-les et faites de bons silences.

☞ **Au lieu d'énumérer sans fin, allez directement à l'essentiel. Dites vos idées une par une, un point c'est tout. Puis, taisez-vous !**

Fiche 36 : Pas de laïus... parlez simplement

Vous êtes à l'oral, ne faites pas un discours académique. Parlez simplement : soyez concis, précis et vif.

❍ **Adaptez votre langage à votre public**

- **Code verbal** : s'adapter au niveau de vocabulaire du groupe (langage *recherché, quotidien...*) et choisir ses exemples en fonction du cadre de références du public.
- **Mode verbal** : exprimer l'idée avec un verbe. Le verbe est le moteur de l'idée, il la traduit en action. Il y a deux modes très parlants : l'indicatif (présent) et l'impératif.
  - Le présent (et le futur immédiat) font vivre et ressentir = *présent de narration*.
  - L'impératif est impliquant et dynamique : « *Soyons précis.* »

❍ **Faites des phrases courtes et simples**

L'oral n'est pas l'écrit : soyez concis (un style clair, c'est la concision suprême).

- Phrases courtes : une quinzaine de mots (au-delà, beaucoup s'y perdent, vous-même peut-être aussi).
- Une idée, une phrase, puis un silence.
- Propositions indépendantes : pas de phrases à tiroirs du type *principale/ subordonnée/relative/circonstancielle...*
- Ne dites pas tout : dites seulement l'essentiel.
- Ponctuez vos phrases : appuyez la finale et faites un silence.

❍ **Utilisez des mots précis, imagés et vifs**

- Peu de mots, mais des mots-idée, mots-image, mots-émotion : *solidarité...*
- Préférez les mots « forts en bouche », qui « sonnent » : *vigueur, relief...*
- Parlez concret : l'abstraction est vague (*passez à l'action*).
- Le verbe est un moteur : il *cristallise* l'idée (préférez les verbes d'action).
- Parlez avec des images (par exemple : « *le verbe est un moteur* »).

Attention !

- Méfiez-vous des cascades de substantifs abstraits : « *Chacun peut progresser* » plutôt que « *La capacité de progression des individus.* »
- Proscrivez tout jargon et traduisez les mots obscurs (et les sigles).
- Et... tout le monde n'a pas appris le franglais (*isn't it ?*).

❍ **Aérez votre texte par des silences**

Vous aurez le temps de trouver le mot juste, élégant, et nous de le goûter.

❍ **Et enrichissez votre vocabulaire**

- Lisez en étant attentif au vocabulaire : dégustez la langue.
- Préparez à l'aide d'un dictionnaire analogique (= termes proches).

☞ **Ne nous perdez pas dans du compliqué : allez à l'essentiel. Plus la phrase est courte, plus l'idée devient claire et forte.**

Fiche 37 : Fuyez les mots noirs et la langue de bois

Aimez-vous la « langue de bois » ?... Non ?
Ça tombe bien : nous non plus.

Attention danger : *blabla*, mots *barbelés*	**Parlez clair, parlez vrai**
ÉVITEZ	**DITES**
❍ Les expressions en négatif :	**Langage positif** : pensez positif
• *Pas de problème.*	• ***Nous sommes d'accord.***
• *Oui, mais...*	• ***Oui, simplement.***
• *Ne craignez rien.*	• ***Soyez certain que...***
• *Vous n'êtes pas sans savoir...*	• ***Vous savez bien que...***
• *Je trouve ça pas mal.*	• ***Je trouve ça intéressant.***
❍ Les termes flous :	**Précis** : dites-nous qui
• *On, ils, les gens...*	• ***Je, vous, nous...***
❍ Les « formules parapluie » :	**Affirmé** : soyez plus direct
• *Je vais essayer de vous démontrer...*	• ***Je souhaite vous démontrer...***
• *Je pense, je crois que, il me semble que...*	• ***J'ai la conviction que...***
❍ L'abus du conditionnel :	**Présent** : indicatif, impératif
• *Je voudrais...*	• ***J'ai envie de...***
• *Si vous étiez d'accord...*	• ***Si vous êtes d'accord...***
• *Nous pourrions commencer...*	• ***Commençons...***
❍ Les « mots paillasson », réducteurs :	**Valorisant** : parlez sans bémols
• *Une petite réunion, un peu d'effort...*	• ***Une courte réunion, un effort...***
• *C'est quand même...*	• ***C'est,*** ou ***c'est aussi...***
❍ Les formules lourdes :	**Simple** : soyez clair et élégant
• *Oui, tout à fait*	• ***Oui.***
• *Au jour d'aujourd'hui...*	• ***Aujourd'hui,*** ou ***à ce jour...***
❍ Les mots « bouche-trous » et les tics :	**Silencieux** : le silence est d'or
• *Je dirais...*	• **Dites-le...**
• *Hein, alors, OK ?, voilà...*	• **(silence).**

☞ **Parlez clair : soyez positif, simple et direct. Et faites silence.**

Chapitre 9
Maîtriser le débat

« *Je veux être maître de moi, et à tous sens.* »
Michel de Montaigne

Votre exposé vient de s'achever. Voici le temps de la discussion ou du débat. Bien que cette dernière phase prolonge la précédente, nous l'avons dissociée car elle s'appuie sur des réflexes d'une nature différente de ceux de la prise de parole : d'« émetteur », vous redevenez d'abord « récepteur ». De *projectif*, vous devez à présent devenir *empathique*[1]. Et vous rappeler que l'autre est *tout autre*.

Faire preuve d'empathie

L'attitude d'empathie suppose une telle ouverture d'esprit et un tel entraînement qu'elle constitue à elle seule le thème central d'un ouvrage : tout l'art de l'écoute, de la négociation, de l'éducation, de la thérapie reposent en effet sur cette attitude mentale exigeante : *s'ouvrir à l'autre*.

Nous n'en évoquerons ici que quelques techniques « d'urgence », destinées à réduire votre appréhension du débat et à vous aider en cas de difficulté. Ces techniques aident à la fois à se maîtriser et pour dénouer des situations critiques ou tendues. Les professionnels du débat : journalistes, politiques, responsables d'entreprise, se forment généralement à ces savoir faire, car que resterait-il d'une prestation réussie si le débat se terminait par un fiasco ?

1. L'empathie (en grec : « ressentir dedans ») désigne la capacité de se mettre à la place d'autrui, sans s'identifier ni juger, pour ressentir sa réaction et comprendre sa logique.

En réalité, le débat a déjà commencé...

L'expérience prouve que si, depuis le début de votre intervention, vous vous êtes constamment montré mesuré, crédible et respectueux du public, vous n'avez rien à redouter de lui : la discussion qui va suivre restera courtoise, rationnelle et « adulte », donc aisée à maîtriser.

Mais si, une heure ou cinq minutes avant, vous avez pu paraître excessif, arrogant ou même enjôleur, vous aurez à affronter un débat plus tendu (et vous l'aurez bien cherché...).

« Ce que vous êtes sonne si fort à mes oreilles que je n'entends pas ce que vous dites. »
Emerson

Le débat dépend donc beaucoup de vous et de l'impression donnée (par votre attitude mentale, vos propos, vos comportements avec ce public). Dès la première minute de votre prestation !

D'abord, se préparer au pire

Si vous n'avez pas imaginé la difficulté ni préparé vos réponses, vous avez évidemment pris des risques. Au lieu de « faire l'autruche », prenez juste ce qu'il faut de temps pour :

Anticiper

- changer de point de vue : se mettre à la place de l'auditoire (interviewez à l'avance, ou bien imaginez) ;
- prévoir et lister soigneusement les objections majeures, les questions pièges (faites exprès d'imaginer le pire).

Préparer

- ses réponses : les arguments, les exemples, les preuves ;
- et ses formulations : vocabulaire, formules-clés ;
- s'inspirer aussi des bons exemples de réponses de ses pairs.

S'entraîner

– à répondre calmement et constructivement (langage positif) ;
– devant un collègue, son manager, un ami ou un camescope (c'est aussi un ami loyal).

Position haute ou position basse ?

Attention à l'ego ! Un temps pour chaque chose : vous venez d'être en position « haute » (affirmation de votre point de vue, de vos convictions), vous avez intérêt à repasser immédiatement en position « basse » : c'est le public, le groupe, qui a la main à présent : laissez-lui la priorité. Vous reprendrez la main (position haute) dans un deuxième temps, pour répondre avec patience et finesse.

Chic ! Une objection

Votre carte maîtresse tient en cinq atouts :

1. *Empathie : se décentrer*
   – Se taire et faire silence en soi (ne pas interrompre, contrer ni se justifier) ;
   – Se centrer mentalement « dans » l'autre (empathie) ;
2. *Écoute active* : questionner pour faire préciser, ou réduire, l'objection.
3. *Être constructif : entrer dans la logique de l'autre*
   – Respecter la logique de son interlocuteur (ne pas juger) ;
   – Reformuler son point de vue en positif : le problème exprimé cache une demande de réponse ou de solution.
4. *Être sûr de soi : ton affirmé*
   – Répondre avec concision (trente à quarante-cinq secondes).
5. *Et vérifier l'accord : feed-back*
   – S'assurer de son accord ;
   – Enchaîner immédiatement sur un autre point.

Les secrets des professionnels

Puisque certains « pros » semblent *constamment* maîtres d'eux et capables de se sortir avec aisance de toute difficulté, faites comme eux :

Bon à savoir...

- Un grand nombre de gens fonctionnent prioritairement en « *mismatching* » : Monsieur *Oui-Mais* cherche les différences, les dissemblances et va d'abord à la critique.
- Rassurez-vous : si votre réponse est satisfaisante et si vous restez serein, il adhérera ensuite (*matching*). Soyez clair et patient.

Soyez perspicace...

Les apparences sont souvent trompeuses :

- derrière la *froideur*, il y a de la **réflexion** (donc restez détendu) ;
- derrière la *critique*, il y a de l'**espoir,** une demande (soyez constructif) ;
- derrière l'*agression*, il y a souvent de la **peur** ou de la gêne (comprenez-*la* et rassurez-*le*) ;
- derrière la *colère*, il y a généralement du *bluff* (ne vous laissez pas impressionner) ;
- mieux vaut **entrer dans la logique de l'autre** que la contrer (faites de l'aïkido).

Repérez...

Grâce à l'écoute (le vocabulaire) et à l'observation (le non verbal), repérez si :

- l'objection vient du RATIONNEL : dans ce cas, expliquez ;
- ou de l'ÉMOTIONNEL : partagez son ressenti et rassurez-le.

Prenez les choses...

Avec élégance :

- comme un **jeu** de l'esprit, et non comme un combat ;
- **ne vous sentez pas « visé »** personnellement, vous n'êtes probablement pas en cause ;

– **respectez** votre contradicteur ou, au minimum, « **faites avec** », intéressez-vous sincèrement à sa position ;
– soyez « beau joueur » : **donnez-lui la partie du point** sur lequel il a raison ;
– ne cherchez pas à avoir raison **contre** lui : visez plutôt à avoir raison **ensemble** !

Jouer la bonne carte au bon moment

– Laissez « tomber » : lâchez prise (videz l'air), laissez tomber le poids du corps (*mise à la terre*).
– Ayez du « self-control », contrôlez votre attitude, votre visage : s'il le faut, restez impassible.
– **Comptez jusqu'à 3**, faites silence : marquez un léger *temps de latence* avant de répondre.
– **Dissociez** : sortez de l'expérience au lieu d'y rester *associé*, devenez un « observateur » extérieur, détaché.
– Élargissez instantanément votre vision, passez du regard *tunnel* (fixé sur celui qui vous prend à partie) au regard *périphérique* (toute la salle), afin de *relativiser* l'impact de votre interlocuteur sur votre mental.
– Changez de canal, passez du canal *visuel* au canal *auditif* : entendez surtout les mots et « fermez les yeux mentalement » ; faites abstraction de la présence physique de l'assaillant, de son regard, de son expression de visage… Soyez toute oreille.

Sachez lancer et mener un débat

Même si vous n'êtes pas un animateur entraîné (chef de projet, formateur), il peut vous arriver de mener un débat. Quelques conseils indispensables vous donneront les clés pour bien lancer le débat, animer la discussion et… savoir mettre fin au débat (fiches-conseils 38 et 39).

Les situations délicates

Une simple séquence de « questions/réponses » ne pose pas de difficulté particulière : il suffit de connaître votre sujet, d'avoir réfléchi à l'avance aux questions prévisibles et d'être concentré dans l'écoute comme dans vos réponses, claires et précises.

Vous pouvez cependant être confronté à des situations plus complexes ou délicates, telles que :

- répondre à une objection forte ;
- éviter d'être désarçonné par une question embarrassante ;
- faire face à la critique ou à une demande excessive ;
- devoir résister à l'insistance d'un demandeur ;
- sortir par le haut d'une tentative de déstabilisation – ou d'une polémique…

Pour vous sortir d'affaire et maîtriser ces différents contextes, tout est dans la méthode : quatre fiches très opérationnelles vous rappellent en fin de chapitre les conseils d'attitude à respecter dans chaque cas et les techniques nécessaires pour dénouer des situations plus délicates (fiches-conseils 40 à 43).

Faites de l'aïkido !

Si heureusement, la provocation est rare, vous rencontrerez plus fréquemment chez certains interlocuteurs des attitudes d'agression, de mauvaise foi ou de manipulation. Quels que soient la forme de l'attaque et le niveau de « danger » qu'elle peut représenter, résistez au réflexe de contrer votre contradicteur. Ne faites pas de boxe, surtout en public : vous risqueriez d'avoir le mauvais rôle et le groupe pourrait se retourner contre vous par solidarité avec l'agressé.

Vous connaissez le judo. Il y a un autre art martial (que vous avez peut-être pratiqué ?) dont l'esprit et la technique n'ont qu'une seule fin : parer toute forme d'attaque, d'où qu'elle vienne. Ce n'est donc pas un sport offensif mais uniquement de défense : l'aïkido[1].

Voici « l'aïkido » du débat contradictoire : l'*ÉCAPA*, assorti de trois « clés » souveraines : les techniques du *Disque rayé*, de l'*Édredon* et du *Sphinx*.

L'ensemble de ces techniques repose sur un principe : l'*assertivité*, c'est-à-dire l'affirmation sereine de soi dans le respect de l'autre.

---

1. Art martial d'origine japonaise fondé sur la neutralisation de l'adversaire par des mouvements de rotation du corps et l'utilisation de clés aux articulations.

D'origine latine, le mot assertivité[1], que l'on retrouve dans des mots issus du même radical : assertion (affirmation) ou sertissage (d'une bague), est souvent cité sous sa version américaine *assertiveness*, mot du langage courant aux États-Unis et dans les pays d'Europe du Nord : sa pratique correspond moins à notre culture latine…

Transformez l'attaque avec assertivité (méthode *ÉCAPA*, fiche-conseils 42) et traitez certaines situations difficiles par la force du *silence* (fiche-conseils 43) :

- face à une insistance forte : *technique du Disque rayé* ;
- face à une manipulation ou à une tentative de déstabilisation : *technique de l'Édredon* ;
- face à une escalade de la critique ou à une polémique absurde : *technique du Sphinx*[2].

Ces différentes techniques sont aisées à comprendre, elles relèvent d'un simple bon sens psychologique. Leur efficacité réelle dépend cependant de votre savoir-faire, qui s'acquiert par la pratique et l'entraînement sur soi. Le chapitre suivant vous y aidera.

6 fiches-conseils

38. *Lancer le débat*
39. *Mener et animer la discussion*
40. *Chic ! Une objection*
41. *On vous pose une question embarrassante*
42. *Une critique ? Négociez en souplesse*
43. *Le silence rend plus fort*

1. En latin asserere : *affirmer.*
2. Toutes ces techniques sont développées par Dominique Chalvin dans son ouvrage *L'affirmation de soi* (voir bibliographie).

Fiche 38 : Lancer le débat

**Lancez le ballon et faites-le circuler dans le groupe.
Ne le monopolisez pas.**

❍ **Comment amorcer le débat**

- Vous souhaitez obtenir des réactions, susciter des questions après votre exposé ? Indiquez-le dès le début de l'intervention : ils se prépareront.
- Votre conclusion finie, changez d'attitude (lâchez prise) et de ton : montrez-vous convivial.
- Déplacez-vous un peu sur le côté (ou même assis en bord de table).
- Indiquez la durée approximative du débat pour cadrer l'échange.
- Évitez le tour de table, trop scolaire ou directif.
- Ouvrez le débat par une question « ouverte » posée à la cantonade.
- Ne regardez personne en particulier, ça pourrait la gêner.
- Montrez et dites votre envie de les entendre réagir.
- Si le groupe ne réagit pas tout de suite, patientez : se décider et trouver une remarque sensée prend du temps. Ne craquez pas trop vite (vingt secondes.).

❍ **Si le public reste silencieux**

- Restez calme et facilitez-leur les choses par une question simple, ou un peu « provocante ». Demandez-leur d'exprimer leur *ressenti*.
- Si le silence persiste, interrogez nommément quelqu'un pour « amorcer la pompe » : faites-le sur un ton invitant.
- Si en cours d'intervention, vous avez remarqué une réaction d'un participant, demandez à celui-ci de l'exprimer.
- Ou proposez un tour de table informel.
- Si le groupe préfère rester silencieux, acceptez-le sans état d'âme (tout a peut-être déjà été dit) :
  – Sondez la raison de ce silence avec bienveillance et intérêt ;
  – Ou restez détendu et beau joueur.

Et concluez la séance en beauté par une formule enlevée, déjà prête.

❍ **Si le débat s'éternise**

- Rappelez l'impératif horaire cinq minutes avant la fin et ajoutez : « *Encore une ou deux questions.* »
- Puis signalez que c'est la dernière question qui sera traitée.
- Concluez. Remerciez et prenez congé, ou levez la séance.

☞ **Donnez-leur *envie* de jouer au ballon mais sachez aussi siffler la fin du match.**

Fiche 39 : Mener et animer la discussion

Si vous avez le temps de mener un vrai débat, soyez un meneur de jeu et un *modérateur.*

❍ **Questionnez, reformulez et relancez**

- Facilitez l'échange : proposez des thèmes intéressants et aisés à commenter.
- Ou bien foncez sur le point essentiel si le groupe est *mûr.*
- Posez des questions « ouvertes » : « *Quel est votre avis ?* », et faites tourner le ballon dans le groupe.
- Quand vous répondez aux questions, soyez crédible et concis.
- Assurez-vous que votre réponse convient au demandeur (en cas de sujet épineux, passez directement à un autre sujet).
- Quand c'est possible, faites plutôt répondre le groupe.
- Reformulez régulièrement les propos exprimés puis relancez sur d'autres thèmes.
- Au fur et à mesure, faites le point sur l'avancement des échanges : synthèses partielles.

❍ **Faites la synthèse**

- Synthétisez au tableau les différents points de vue exprimés, en respectant les formulations de chacun. Le cas échéant, donnez votre avis en dernier.
- S'il y a eu des désaccords, reformulez-les en termes neutres puis mettez en valeur les points d'accord. Concluez par des propos constructifs.
- Assurez-vous du consensus du groupe (mais n'exigez pas l'unanimité, qui est illusoire et rarement nécessaire).
- Rappelez les décisions, les missions et les rendez-vous.
- Remerciez sincèrement et levez la séance, ou prenez congé.

❍ **Et le compte rendu** (réunion)

- À partir de cette synthèse écrite et validée, faites le compte rendu.
- Transmettez-le aux participants au plus tard le lendemain.
- Pilotez le suivi de la réunion : réflexion/informations/coups de fil/entretiens…

☞ **Un débat n'est pas toujours possible : au-delà de douze personnes, limitez la discussion à un simple échange « questions/réponses ».**

Fiche 40 : Chic ! Une objection

Pas d'objection ? Le public est peu intéressé.
Une objection ? Tant mieux, et vous n'êtes pas visé !

❍ **Espérez l'objection**
Ne vous sentez pas remis en cause personnellement, c'est signe que l'auditoire est intéressé.
L'objection est en effet un réflexe naturel de la part d'autrui (vérifier, se rassurer), donc une aide précieuse pour vous.

❍ **L'objection vous permet en effet de :**
- repérer le point qui intéresse le plus votre interlocuteur ;
- mieux comprendre ses motivations exactes ;
- réargumenter plus finement ;
- renforcer la qualité du contact ;
- et ainsi, mieux convaincre l'ensemble du groupe.

❍ **Bon à savoir**
Beaucoup de gens ont le réflexe de *mismatcher*, c'est-à-dire de contrer instantanément ce qui ne correspond pas à leur façon de voir initiale : « *Oui, mais…* »
Patience et clarté : si votre réponse les satisfait, ils vont finir par adhérer (*matching*).

❍ **Soyez perspicace**
- La *froideur* apparente marque une écoute attentive : restez détendu et concentré.
- La *critique* traduit un espoir, une demande forte : soyez constructif.
- L'*agression* révèle souvent peur ou gêne : identifiez-la et rassurez l'interlocuteur.
- La *colère* n'est souvent que du « bluff » : ne soyez pas impressionné, restez de marbre.

❍ **La Règle d'or en cinq étapes**
- « *Position basse* » : c'est lui qui a la priorité, laissez-lui la main.
  1. **Écouter** l'objection, donc se taire (ne pas interrompre, contrer ou se justifier).
  2. **Questionner** pour faire préciser l'objection, ou la réduire.
- « *Position haute* » : à présent, reprenez la main.
  3. **Reformuler** en positif : traduire la difficulté exprimée en *souhait.*
  4. **Être sûr de soi** : répondre d'un ton assuré et avec concision (trente/quarante-cinq secondes).
  5. **Vérifier l'accord** (*feed-back*), et enchaîner sur une autre question.

☞ **Face à l'objection, le secret : position basse, puis position haute.**

Fiche 41 : On vous pose une question embarrassante

Aussi compétent et préparé que vous soyez, une question peut toujours vous prendre au dépourvu :

- Vous êtes désarçonné car vous n'avez pas de réponse sur l'instant.
- Cette question concerne le point faible de votre démonstration.
- Vous n'avez pas d'argument irréfutable ou de preuve à donner.
- Vous êtes mal placé sur ce terrain.
- Ce point particulier vous est mal connu.

❍ **Le principe de base**

Même si vous êtes embarrassé, ne le montrez pas ! L'impassibilité constitue déjà un début de réponse en soi.
Reconnaissez votre ignorance, ou gagnez un peu de temps pour réfléchir. Vous pouvez aussi élargir le débat, ou bien pratiquer l'humour.

❍ **Les grands classiques**

Écoutez tranquillement la question, puis, selon le contexte et votre propre style, choisissez parmi les techniques suivantes :

- **Dites simplement votre ignorance :** « *J'ignore ce point et je vais me renseigner.* »
- **Retournez sa question** à l'interlocuteur (avec un intérêt réel) : « *Dites-nous d'abord votre point de vue.* »
- **Posez une question en retour :** « Savez-vous que… », « Croyez-vous vraiment que… ».
- **Généralisez** et allez sur un terrain plus confortable : principes, ordres de grandeur…
- **Répondez par un exemple,** une comparaison ou une citation (plausibles).
- **Reposez le problème** (reformulez-le à votre façon) et *changez la donne* : à question A, réponse A**'**.
- **Mettez la réponse en attente,** puis traitez-la à un moment plus propice.
- **Faites appel au groupe** : « *Quelqu'un a-t-il la réponse à cette question ?* »
- **Répondez avec humour**, si le contexte le permet et si vous êtes en verve. Mais jamais d'ironie (attention à l'effet *boomerang*).

☞ **Dans tous les cas, restez calme : la vague se brise sur le rocher.**

Fiche 42 : Une critique ? Négociez ou souplesse

En public, jamais de boxe : faites plutôt du judo.
Voici comment canaliser l'énergie de l'autre.

La méthode « ÉCAPA »

❍ **« Position basse »**
Attention à l'ego ! Soyez beau joueur : pourquoi « avoir le dernier mot » sur tout ?

ÉCOUTER J'écoute silencieusement, avec *neutralité bienveillante*, et je contrôle mon visage et mon corps. Je fais preuve d'un maximum d'empathie. S'il le faut, je le questionne pour qu'il précise sa position : « *C'est-à-dire… ?* »

COMPRENDRE Comprendre, ce n'est pas approuver : je constate sa logique et la reformule en positif : « *Pour vous…* »
Si la situation est un peu tendue, je lui donne acte de sa position (exprimer un message « OK » de compréhension sincère) : « *Je comprends votre point de vue* », « *C'est vrai, c'est un point important.* » Message reçu !

❍ **« Position haute »**
Vous pouvez à présent reprendre l'initiative.

AFFIRMER J'affirme clairement, sereinement, ma position (*assertif*) : « *Je ne partage pas cet avis* », « *Non, cette demande n'est pas possible…* »
S'il y a lieu, j'exprime sincèrement mon ressenti : « *Je me sens mal à l'aise vis-à-vis de…* », puis j'enchaîne aussitôt sur une proposition plus réaliste.

PROPOSER Je change la donne en lui proposant une solution créative, *gagnant-gagnant*, qui vise à concilier **sa** logique avec **mes** impératifs. J'essaie visiblement de l'aider : « *Ce que je vous propose, c'est…* » ou « *Ce que nous pouvons faire…* »

ARGUMENTER Je mets en valeur les avantages – **pour lui** – de cette nouvelle solution, réaliste et bénéfique. Je suis tenace et persuasif : « *Ainsi, cela vous permettra de… et vous pourrez…* »

☞ **Vérifiez son adhésion à cet accord gagnant-gagnant.**
S'il insiste (« baroud d'honneur ») : « *Disque rayé.* » Tenez bon !

Fiche 43 : Le silence rend plus fort fort

En situation délicate, la vraie force c'est le silence.

Dans le même esprit que l'ÉCAPA, voici trois « clés » que vous pouvez mettre à profit dans certains cas délicats (*pression, déstabilisation, polémique*…).
Elles conjuguent silence et maîtrise de ses comportements, et s'appuient sur l'attitude *assertive* (respecter l'autre + s'affirmer sereinement).

Face à l'insistance, à la pression

❍ **Faites le DISQUE RAYÉ**
Répétez votre réponse, sans impatience ni ironie, puis faites SILENCE : le demandeur va finir par se lasser… et céder.

Face à une attitude malintentionnée ou à une volonté de déstabilisation

❍ **Faites l'ÉDREDON**
Un édredon « réagit mollement » : *constatez* la position de l'interlocuteur, sans chercher à faire prévaloir la vôtre ni entamer la moindre discussion. Restez neutre.
- Si c'est un **fait avéré**, dites seulement : « *C'est vrai* », « *C'est un fait* » + *SILENCE.*
- Une **opinion** : « *Bon* », « *C'est votre droit* », « *C'est un point de vue* » + *SILENCE.*
- Un **mensonge** : « *Non* », « *Vous dites que…* », « *Tiens, je suis surpris* » + *SILENCE.*
- Un **ressenti** : « *Je comprends bien* », « *Je me mets à votre place* » + *SILENCE.*

Face à l'escalade de la critique, à une polémique

❍ **Faites le SPHINX**
La force de cette technique puissante réside dans le contrôle absolu de son corps, de l'expression du visage et de sa respiration.
- Restez neutre, impassible et silencieux.
- Tout au plus, limitez-vous à un :
  - *masque réfléchi* ;
  - *hochement de tête* ;
  - ou *vague son* : « *mmh-mmh…* ».
- Marquez un temps, puis enchaînez.

☞ **Silence et maîtrise de soi : une réponse royale.
C'est votre force tranquille.**

Acte III

SOYEZ VOUS-MÊME
De vos progrès au mieux être

Chapitre 10

Être soi-même et progresser

« On ne se débarrasse pas d'une habitude en la flanquant par la fenêtre, il faut lui faire descendre l'escalier marche par marche. »
Mark Twain

La seule chose qui ne change pas, c'est que tout change

Parce qu'il est inscrit dans notre nature et dans le temps qui modifie insensiblement toutes choses, le changement s'opère inconsciemment en nous jour après jour.

Le cerveau est par nature adaptatif et en perpétuel apprentissage.

Soyez ambitieux, réaliste et précis, et vous réussirez à monter une marche plus haut.

Puis décidez de conforter vos acquis et vous progresserez encore. Voici comment procéder.

Utiliser ses trois mémoires

L'acquisition de nouvelles compétences passe par un *glissement* de l'information à travers trois mémoires successives :

- *la mémoire de l'instant* (électrique) : très fugitive, elle ne dure souvent que quelques secondes ;

– *la mémoire du long terme* (chimique) : pour y accéder, il est besoin de « *réactiver* » l'information (*cf.* page suivante) ;
– *la mémoire automatique* (structurelle) : l'information d'origine est installée par répétition (*engrammée*) dans les structures automatiques du cervelet et des systèmes postérieurs de l'encéphale[1]. Le comportement nouveau est fixé et disponible pour toujours (par exemple marcher, nager, faire du vélo…).

Pour avoir accès à cette mémoire automatique, procédons par la répétition, qui engramme peu à peu sa trace indélébile dans le cerveau. Je répète : la *répétition*.

Activer sa mémoire du long terme

La connaissance de l'instant – la lecture de cet ouvrage par exemple – a naturellement tendance à se « diluer » dans le quotidien : la déperdition est rapide et s'accentue avec le temps. Voici le schéma de la *loi de l'oubli* :

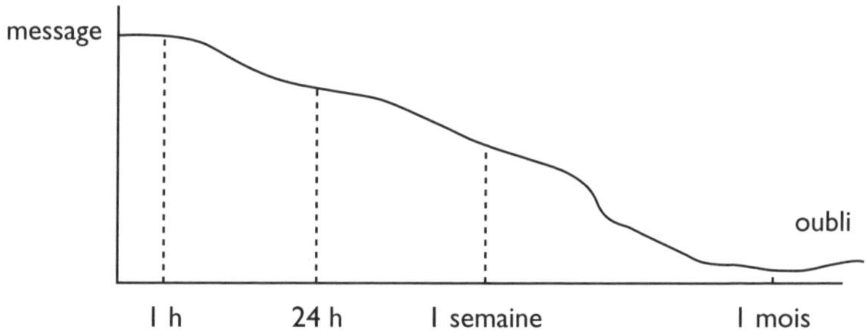

La loi de l'oubli

Pour combattre cette « loi de l'oubli » qui nous concerne tous – en même temps qu'elle nous protège –, nous devons impérativement « réactiver » notre connaissance et la transférer de la mémoire de l'instant à la mémoire du long terme.

Heureusement, en matière de prise de parole en public, les probabilités de réactivation sont bonnes, car les occasions de pratiquer sont nombreuses.

1. Précision empruntée au psychiatre Élie G. Hantouche.

Savoir	*Pouvoir*	*Vouloir*
ACCUEIL	TRANSFERT	RÉACTIVATION
• ouverture d'esprit • curiosité • visualisation • concentration • méthode • motivation	• reformuler • réfléchir • prendre des notes • consulter les fiches-conseils • passer à l'action et tester	• disposition d'esprit (associations d'idées) • objet de régularité et de discipline • vigilance • entretien et corrections
Éveil et attention	*Stockage et appropriation*	*Renforcement*[1]
Exemple : Lecture de ce livre	Fiches-conseils et mise en pratique	Pratique régulière : objectifs et évaluation

En réactivant, voici comment la courbe de l'oubli s'inverse en positif :

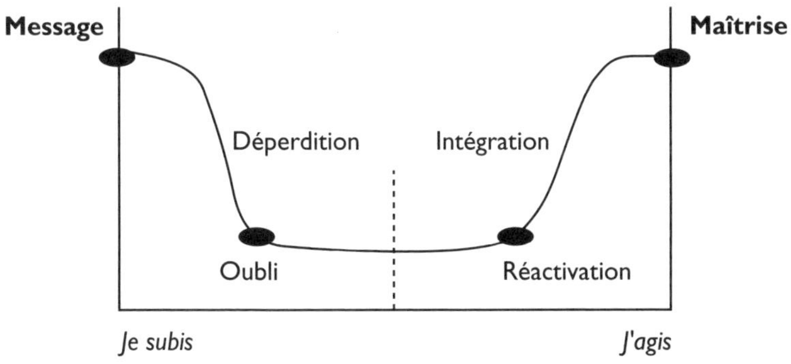

Loi de l'oubli et de la réactivation (d'après Ebbinghaus)

Comment réactiver son souvenir et l'intégrer ? En s'inspirant de ce proverbe chinois :

> « Si tu veux savoir, *lis*
> si tu veux comprendre, *écris*
> si tu veux intégrer, *transmets*. »

1. D'après M.-J. Couchaère, voir bibliographie.

Or, l'objet de votre intervention est précisément de transmettre : vous allez donc pouvoir enrichir votre pratique par de nouveaux comportements et savoir faire.

Cette étape d'*apprentissage* suppose de vous appuyer sur quelques convictions de base et de vous exercer avec méthode.

Les freins au changement

Qu'est-ce qui nous freine dans notre capacité d'évoluer ?

Essentiellement deux « matrices » profondes : la *peur* et la *culpabilité* :

- ***Peur*** (des autres) : peur d'être critiqué, jugé, remis en cause, « puni »...
- ***Culpabilité*** (peur de soi) : peur de mal faire, de ne pas y arriver, de ne pas se sentir légitime, « naturel »...

Pour « desserrer » ces freins, *pratiquer* et *répéter* : le potentiel est là et nos comportements sont souples.

Les leviers du changement

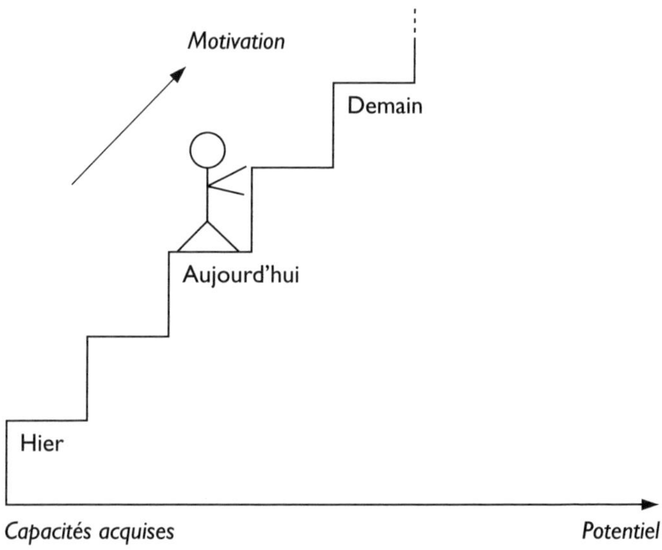

Développer son potentiel

L'escalier du succès se monte par paliers successifs.

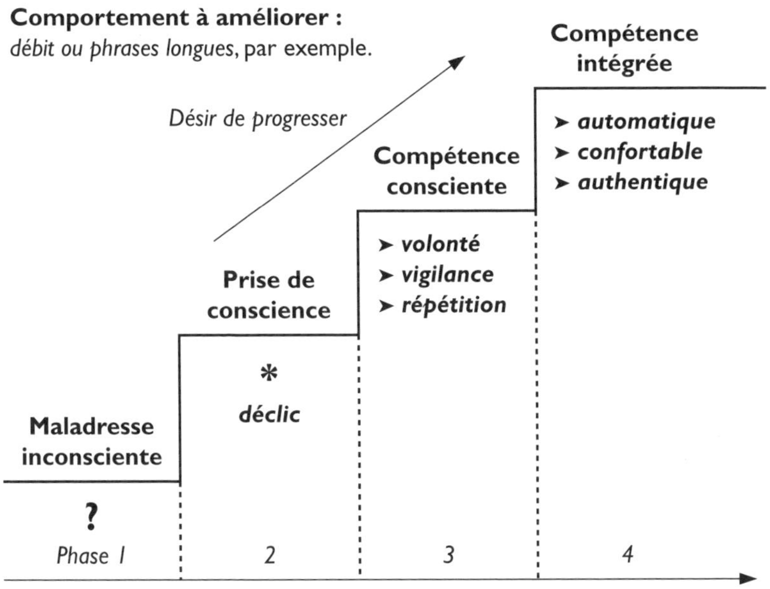

L'escalier du succès

La méthode pour progresser

Le changement s'opère *inconsciemment* en nous jour après jour. Autant changer consciemment et dans le bon sens.

Convictions de base : prenez appui sur ces évidences.

- Chacun de nous possède déja un certain nombre d'aquis.
- Chacun a en lui toutes les ressources pour progresser (cerveau, mémoire, corps, énergie)… s'il le désire.
- Il est donc possible à chacun de progresser réellement.
- Ce progrès est… progressif et passe par des actes simples.
- Il suppose : décision personnelle, persévérance et répétition.
- Le progrès : c'est moins l'effort que le plaisir de progresser.
- C'est toujours plus facile la deuxième fois !

Tactique : anticipez votre schéma de réussite.

- Situez-vous sur l'*escalier du succès* et visez la marche à atteindre.
- Diagnostiquez les comportements à faire évoluer et sentez le besoin de les améliorer : le besoin, c'est le désir.
- Identifiez quelques objectifs, motivants et accessibles.
- Visualisez le contexte et les formes de leur réussite (les *voir, entendre, sentir* et *ressentir* : mettez des détails).
- Intégrez dans vos objectifs les bénéfices secondaires du comportement actuel et inventez des tactiques nouvelles.
- Décidez d'atteindre vos objectifs en avançant « à petits pas ».
- Définissez les moyens opérationnels et les étapes successives.

Méthode : agissez, répétez et progressez.

- Saisissez toutes les occasions, modestes ou importantes.
- Passez à l'action : relevez vos défis et agissez sans états d'âme.
- Élargissez vos choix : observez, écoutez, déduisez et inventez.
- Évaluez fréquemment vos progrès et faites-les évaluer (fiche-conseils 44).
- Faites le point régulièrement et fixez-vous de nouveaux objectifs (fiche-conseils 45).
- Jouissez de votre progression : quand on monte, l'air est plus pur.
- Progressez en silence.

« Sur un chemin de dix pas, quand vous avez fait neuf pas, vous avez fait la moitié du chemin. » (proverbe chinois)

Progresser est un travail personnel sur soi qui demande à être humble et discret. Disons que c'est un petit secret que vous aurez avec vous-même.

2 fiches-conseils

44. *S'évaluer = Évoluer (autodiagnostic)*
45. *Votre plan d'action*

Fiche 44 : S'évaluer – Évoluer

***Check-list* pour préparer et évaluer vos prochaines interventions**

Voici cinquante indicateurs pour préparer vos exposés et réunions, et les évaluer finement. Cochez chacun en « oui » ou « non », et mesurez ainsi vos progrès.

❍ **MA PRÉSENTATION** *(chapitres 1 et 2)*

J'ai :	*Non*	*Oui*
• déterminé mon **objectif** avant de déballer mes idées	❑	❑
• pris en compte le style et les **motivations de l'auditoire**	❑	❑
• défini mon **idée-force** et choisi un **plan** clair et dynamique	❑	❑
• enrichi mon **argumentation** : *Tête - Cœur - Corps*	❑	❑
• apporté les **preuves** nécessaires	❑	❑
• illustré mes arguments par des **exemples** concrets ou imagés	❑	❑
• **introduit** de façon motivante et claire	❑	❑
• **conclu** avec force sur les avantages, l'action et le but atteint	❑	❑
• préparé mes **fiches** avec des mots clés lisibles de loin	❑	❑
• conçu des supports **visuels** synthétiques et attractifs	❑	❑

❍ **MA RÉUNION** *(chapitre 3)*

J'ai :		
• analysé les **enjeux** et choisi mes **objectifs**	❑	❑
• défini les **résultats à atteindre** au terme de la réunion	❑	❑
• imaginé des **méthodes de travail** participatives en groupe	❑	❑
• rédigé les **questions déclenchantes** à poser au groupe	❑	❑
• prévu la **durée** réaliste de chaque étape pour tenir l'horaire	❑	❑
• établi mon **guide d'animation :** colonnes/mots-clés	❑	❑
• préparé avec soin un **début de réunion** clair et motivant	❑	❑

❍ **MON MENTAL** *(chapitre 4)*

J'ai :		
• **répété** à haute voix les passages essentiels pour être à l'aise	❑	❑
• puisé ma force dans mes « **5 C** » :	❑	❑
Calme intérieur : maîtrise de soi	❑	❑
Conviction : énergie, ténacité	❑	❑
Concentration : « ici et maintenant »	❑	❑
Confiance : en moi et dans le groupe	❑	❑
Créativité : improvisation, sens de la répartie	❑	❑

❍ **MON TRAC** *(chapitres 4 et 5)*

J'ai :		
• transformé mon trac en **calme, plaisir** et **conviction**	❑	❑
• **lâché prise,** vidé l'air et respiré **par le ventre**	❑	❑
• ralenti mon **débit** et fait des **silences**	❑	❑

Suite de la fiche ➡

S'évaluer – Évoluer (*suite de la fiche 44*)

Vous le constaterez vous-même. Et en plus, on vous le dira !

❍ **MON CORPS** *(chapitres 6 et 12)*

	Non	Oui
J'ai :		
• descendu mon **centre de gravité** (*centré*) et utilisé l'**espace**	❑	❑
• ouvert mes **mains** et sorti mes **gestes** de mon corps	❑	❑
• **souri** de temps en temps et montré mes **émotions**	❑	❑
• constamment **regardé** mon auditoire et capté ses réactions	❑	❑

❍ **MA VOIX** *(chapitres 7 et 12)*

J'ai :		
• **lancé ma voix** avec assez de force	❑	❑
• **nuancé le ton** avec des intonations et **ponctué** mes phrases	❑	❑
• **articulé** avec netteté et précision	❑	❑

❍ **MON STYLE ORAL** *(chapitres 8 et 12)*

J'ai :		
• fait des **phrases courtes,** des **pauses** et des **silences**	❑	❑
• parlé **clair, direct** et en **positif**	❑	❑
• utilisé un vocabulaire **adapté, précis** et **expressif**	❑	❑
• évité le conditionnel et mis mes verbes au **présent**	❑	❑
• employé des **images,** fait des analogies et des **métaphores**	❑	❑

❍ **MA MAÎTRISE DU DÉBAT** *(chapitres 9 et 11)*

J'ai :		
• prévu leurs questions, **objections** et **questions pièges**	❑	❑
• **préparé mes réponses** : les formulations et les preuves	❑	❑
• pratiqué l'**ÉCAPA** (écouter/comprendre/affirmer/proposer /argumenter)	❑	❑
• utilisé le « **Disque rayé »** (répéter sans discuter et tenir bon)	❑	❑
• fait l'« **Édredon »** (« *C'est vrai* », « *Bon.* », « *Tiens…* », « *Je comprends* »)	❑	❑
• ou le « **Sphinx** » (lâcher prise et silence, ou « *Mmh-mmh…* »)	❑	❑

❍ **MON « CERVEAU TOTAL® »** *(chapitre 12)*

J'ai argumenté et parlé avec *raison/organisation/relation/imagination*	❑	❑

❍ **MON BILAN**

J'ai été :		
• **clair**	❑	❑
• **intéressant**	❑	❑
• **convaincant** et **incitatif**	❑	❑
• et j'ai pris un réel **plaisir** à communiquer avec ce public	❑	❑

☞ **Mieux se connaître, c'est s'évaluer souvent, et se faire évaluer. Décidez d'enrichir vos acquis, vous allez rapidement progresser.**

Fiche 45 : Votre plan d'action

***« Homme de la plaine, pourquoi gravis-tu la montagne ?
Pour voir la plaine. »* (proverbe chinois)**

Fixez-vous trois objectifs prioritaires, les méthodes et vos délais.

Mes trois objectifs prioritaires	**Méthodes, comportements**	**Dates de succès**
• **Structurer** : – Préparer son exposé (*chap.* 2) ____________	____________	____________
– Réussir sa réunion (*chap.* 3) ____________	____________	____________
• **Répéter, se préparer** (*chap.* 4) ____________	____________	____________
• **Apprivoiser son trac** (*chap.* 5) ____________	____________	____________
• **Le corps parle** (*chap.* 6) ____________	____________	____________
• **Faire vivre sa voix** (*chap.* 7) ____________	____________	____________
• **Parler en style oral** (*chap.* 8) ____________	____________	____________
• **Maîtriser le débat** (*chap.* 9) ____________	____________	____________
• **Parler à « cerveau total »** (*chap.* 12) ____________	____________	____________

Limitez-vous à trois objectifs dans un premier temps, vous les complèterez peu à peu lors d'autres prestations.

☞ **À vous de jouer : soyez motivé, persévérant. Vous allez progresser. À terme, faites le point et fixez-vous un ou deux nouveaux objectifs.**

Chapitre 11

Communiquer comme les meilleurs

« N'essayez pas d'être un homme qui a du succès.
Essayez d'être un homme qui a des valeurs. »
Einstein

Certains ont un sacré talent

C'est vrai que certains ont du talent... Comment font-ils pour communiquer avec tant d'aisance, de brio, et parvenir ainsi à conquérir leurs auditoires ? Certains dirigeants d'entreprise, par exemple, sont devenus de véritables maîtres dans l'art de la parole en public : beaucoup sont même devenus des personnages publics et leur aura dépasse la sphère du monde professionnel.

Leurs noms sont aujourd'hui connus du grand public : sans parler de quelques météores comme Tapie ou Jean-Marie Messier (dont il faudra reparler ici...), les patrons de Renault, d'Axa, de Dassault, EADS, ou des personnalités comme Christian Blanc, l'ancien patron d'Air France, etc., sont de plus en plus médiatisés. Le porte-parole d'une entreprise, aujourd'hui, c'est son président. Au point que certains ont franchi les frontières de la société « civile » et sont entrés en politique. Jacques Calvet l'avait rêvé, Francis Mer puis Thierry Breton l'ont fait. Les barons de l'industrie sont aujourd'hui descendus dans l'arène.

Ce talent, chez certains, est-il un don, et si oui, de quelle nature ? Ou bien est-il le fruit d'un travail sur soi, construit et maîtrisé ? Pour répondre à cette question de fond (l'*inné* ou l'*acquis* ?), voici plusieurs exemples pris dans l'entreprise et... chez des politiques. L'histoire elle-même nous fournit des références exemplaires : nous avons tous dans notre inconscient collectif des personnages emblématiques qui ont été aussi de formidables hérauts en communication.

Ces différents exemples pourront en effet vous éclairer dans la pratique de la prise de parole en public : d'abord vous rassurer sur la capacité de chacun à évoluer, et surtout vous inspirer un ou deux bons modèles utiles à méditer et à intégrer dans votre relation avec le public.

Avis d'experts

Je connais plusieurs grands patrons. J'en entraîne d'ailleurs certains et quelques-uns sont même célèbres. La déontologie du coaching m'interdisant évidemment de les citer, j'ai fait appel à une dizaine d'amis professionnels et d'experts pour enrichir mon vivier et me donner leur propre éclairage. Virtuellement rassemblés dans ce chapitre, un peu comme dans un *banquet* imaginaire sur la prise de parole du leader, tous parlent avec leur expérience singulière et leur sensibilité propre des dirigeants qui les ont touchés. Est-il besoin de préciser qu'eux-mêmes communiquent bien, en conjuguant avec talent le sens et l'authenticité[1] ?

D'abord, il y a des maladroits : les *albatros*

Il y a aussi beaucoup de grands maladroits au plus haut de la hiérarchie des entreprises. Je ne vous donnerai pas ici de noms : vous connaissez peut-être quelques exemples autour de vous… Parlons d'abord de ceux qui ne sont pas bons orateurs, car les raisons de leur maladresse sont pour chacun de nous une leçon profitable et un contre-exemple très *parlant*.

Imposons-nous cependant beaucoup de respect pour les personnes elles-mêmes : d'ailleurs, c'est souvent leur honnêteté intellectuelle qui les *bride* et qui leur donne cet aspect un peu austère. Distinguons bien le vrai talent du dirigeant (faire gagner son entreprise) des formes de sa com-

1. J'ai pu ainsi « réfléchir à plusieurs » avec un grand patron, Jean-Marie Descarpentries ; un économiste réputé, enseignant à l'INSEAD, Claude Michaud ; le président d'un grand cabinet en conseil et formation, CAA : Yves Blanchard ; un philosophe et ethnologue, Serge Airaudi, conseiller en stratégie culturelle de beaucoup de nos dirigeants. Ou bien un manager féru d'ethnologie et de cultures, Richard Béraha ; un directeur de formation, Éric Répérant ; un homme de théâtre qui est aussi polytechnicien (ça existe !), Alain Duclos ; un spécialiste des compétences cérébrales, Lionel Vuillemin. Enfin, un célèbre expert en communication, Jacques Séguéla, qui s'est intéressé à mon approche et qui a élaboré une clé de lecture sur les qualités que nous attendons de la communication du grand leader.

munication. Combien de patrons de grands groupes français ont réussi des performances internationales éclatantes malgré un style de prise de parole carrément maladroit…

Pour illustrer ce thème de la maladresse, je citerai cependant deux exemples célèbres d'hommes politiques, devenus même un « grand classique ». Car il s'agit de deux anciens premiers ministres, tous deux brillants et courageux : si la confusion n'est guère possible entre eux sur le plan politique, ils sont pourtant frères jumeaux dans leur expression publique, c'est-à-dire énarques et… pétrifiés. Je veux parler, bien sûr, de Juppé et de Jospin. (Ne leur dites surtout pas qu'ils ont un air de famille, ça ne les ferait probablement pas sourire). Tous deux me paraissent représentatifs en effet, dans leur façon de communiquer, d'une certaine élite française, celle de nos dirigeants (ils semblent avoir depuis un peu progressé…).

Je porte, à l'un comme à l'autre, du respect. Mais parlons vrai : pour Lionel Jospin, sa raideur – en public en tout cas – et son image de professeur un peu guindé lui ont peut-être coûté la présidence ; au moins y ont-elles contribué. De même concernant Alain Juppé, voici ce qu'écrit à son propos l'un de ses condisciples à Louis-le-Grand, où le jeune Juppé préparait le concours d'entrée à Normale Sup :

« *Tu es apparu bourré de chiffres, désespérément correct et raisonnablement froid… Tu as confondu la communication avec le magistère et traité la troupe comme une classe de cancres* ».[1]

Chacun dans son registre ressemble à l'albatros, à ces « vastes oiseaux des mers » que Baudelaire compare au poète :

« *Le Poète est semblable au prince des nuées, Qui hante la tempête et se rit de l'archer ; Exilé sur le sol au milieu des huées, ses ailes de géant l'empêchent de marcher.* »

Mais pourquoi ces deux intelligences ne réussissent-elles pas à s'ouvrir davantage à l'émotion, à la proximité avec l'autre ? Une partie de réponse est peut-être dans ce que j'appelle le « paradoxe de l'expert », qui frappe tant de nos élites, dans la sphère publique comme dans les grandes entreprises : à la fois *expert* et *a-communicant*, pour reprendre le terme judicieux de Jacques Séguéla. Un paradoxe assez français, véritablement endémique.

Avant de préciser plus loin les raisons d'une telle pathologie, il y a pire à dénoncer, et d'urgence : ce sont les « trop habiles », les *clinquants*. Car, à tout prendre, mieux vaut le tic de la raideur que le toc de certains

1. « Lettre à Alain Juppé (et aux énarques qui nous gouvernent) sur un persistant "problème de communication" », Daniel Bougnoux, Ed. ARLEA, 1996.

marchands d'illusion, dont la verve de tribun est d'autant plus dangereuse qu'elle nous captive d'abord...

Et puis des « bêtes de scène » : les *narcissiques*

Évidemment, l'orateur le plus spectaculaire, le plus « virtuose », est celui qui relève du tempérament dit *narcissique*[1]. Son besoin absolu d'être admiré pousse irrésistiblement le narcissique à communiquer sa vision, souvent audacieuse, avec un talent de communication absolument incomparable. Lui seul sait à ce point braver la coutume, mobiliser les foules et leur donner envie de le suivre et de se galvaniser pour lui jusqu'au sacrifice.

Ce ressort, quasiment existentiel, peut le porter jusqu'à un grand destin : après Napoléon, qu'il désigne comme l'exemple type du *narcissique*, le psychanalyste américain Maccobby cite dans l'histoire du XXe siècle : De Gaulle, Churchill, Roosevelt, Gandhi, Mao Tse-Tung, Kennedy... Il y ajoute Staline, et nous pourrions y inclure bon nombre de dictateurs de l'histoire contemporaine, de Castro à Saddam Hussein. Dans le monde de l'entreprise, il cite pour les USA : John Rockefeller, Andrew Carnegie, Thomas Edison, Henry Ford, Bill Gates, Larry Ellison, Steve Jobs, Andy Grove, Jack Welch et Georges Soros...

S'agissant de leur relation au public, les « narcissiques » ont un sens inné de la mise en scène et ont en commun de cultiver leur communication avec un certain génie. Tous ont bien deviné en effet la puissance du Verbe, propre à soulever une nation. Ainsi de Gaulle, qui a porté son talent littéraire à un haut niveau de style *épique*. Churchill a eu ce même type de talent et cette audace, quand il a su rallier son pays à la lutte contre le nazisme avec ce discours incroyable : « Je vous promets du labeur, de la sueur, du sang et des larmes... ». Plus encore, leur tempérament d'acteur (Castro a précisément débuté comme acteur) leur permet d'accomplir de réelles performances « de scène » jusqu'à devenir de véritables stars. Dans son registre, Jean-Paul II en est un autre bon exemple, et Berlusconi (animateur et parolier...) la caricature.

J'y reviendrai cependant à propos du « sens de l'autre », car ces virtuoses de l'impact n'ont pas leur pareil pour connaître et faire jouer les ressorts de la foule.

Quand l'orateur a une vraie vision collective et qu'il veut partager son (noble) destin avec son auditoire, cela est encore respectable. Mais quand

---

1. Freud distinguait trois principaux types de personnalités : « érotique » (aimer et être aimé), « obsessionnel » (perfectionniste, productif et introverti) et « narcissique » (être admiré ; indépendant, visionnaire et extraverti).

il verse, tel Narcisse, dans le nombrilisme et qu'il n'est que marchand d'illusions ; quand il n'est qu'un « vendeur de lui-même » et qu'il ne nous offre pas de partager le destin avec lui, cela devient dangereux. Quand le séducteur en fait trop – tout le temps trop habile –, quand il est sans remords, sourd à la critique et prompt à s'emporter : son *masque* tombe, ce n'était donc qu'un bateleur. Malgré leur séduction ou un aplomb époustouflant, des patrons comme Bernard Tapie ou Jean-Marie Messier, ou des personnages politiques comme Jean-Marie Le Pen et De Villiers, acteurs d'estrade, lassent vite : leur théâtralité sonne faux et le charme est rompu. Loin d'applaudir, prenez garde aux illusionnistes et rappelez-vous que « la mémoire est courte en ces temps d'images », comme l'a écrit Bernard Kouchner.

Donc, revenons aux formes plus classiques du talent des dirigeants. Ils appartiennent à deux catégories :

- l'une, peu nombreuse, celle des leaders bons communicants. Il est sans doute utile pour vous de vous intéresser à leur savoir faire, à ce qui les rend « meilleurs » en public ;
- l'autre catégorie, de loin la plus nombreuse, celle des *experts/gestionnaires*. Ces dirigeants savent certes parfaitement réfléchir, analyser, décider, chiffrer, organiser, planifier, contrôler... Mais quelle difficulté ils ont à communiquer leur projet, à faire partager leurs convictions ou à mobiliser l'énergie de leurs équipes ! À l'image des premiers ministres cités en début de chapitre, c'est apparemment leur compétence même qui les empêche de s'adresser à l'autre avec simplicité et proximité.

Si vous appartenez à cette catégorie *d'experts froids*, de cerveaux « ordinateurs », il est urgent pour vous de comprendre ce blocage et de le dénouer : rassurez-vous, ça se soigne...

Une bonne raison n'est pas toujours une bonne excuse

Tentons d'identifier les causes d'une communication trop cérébrale de cette population de dirigeants « techniciens », car leur maladresse n'est pas le fait du hasard.

Tout d'abord, il faut aller voir du côté des études qu'ils ont suivies. Le niveau de formation des responsables des grandes entreprises françaises est l'un des plus élevés en Europe et la plupart des grands dirigeants sont diplômés de grandes écoles. Mais le plus souvent, ces études supérieures valorisent la pensée analytique et scientifique aux dépens de l'intuition, de la relation et de l'émotion. D'où leur difficulté à lever les barrières de la logique et à reconnaître cette part d'intelligence émotionnelle qui est en nous : l'*anima*, comme la nomme Jung.

Voici ce qu'écrit Meryem Le Saget en introduction de son remarquable ouvrage *Le manager intuitif*[1] :

« *L'entreprise, à l'évidence, privilégie depuis plus d'un siècle les qualités de type animus, telles que définies par Carl-Gustav Jung : action, détermination, structuration, construction concrète, maîtrise des événements et des problèmes. Ces qualités relèvent selon Jung d'une polarité masculine, qui s'oppose à la polarité féminine de l'anima : flexibilité, intuition, réceptivité, communication profonde, aptitude à donner du sens à l'action… Chacun de nous, homme ou femme, possède pourtant ces deux sensibilités. Quand insufflée par le manager intuitif, l'anima fera son entrée – autre que clandestine – dans l'entreprise, celle-ci aura toutes chances d'accéder rapidement à des registres de performance supérieurs.* »

Tout se joue en effet dès la post-adolescence, en raison de l'approche même de ces études qui, au mieux, ne font qu'effleurer des thèmes pourtant essentiels comme le management et la communication.

De la même manière, les politiques de recrutement et de promotion restent encore très axées sur la reconnaissance du diplôme scientifique. Nous sommes une nation d'ingénieurs (c'est l'un de nos grands fleurons) et notre esprit nous porte à rationaliser à outrance et recourir à l'abstraction. Le savoir une fois maîtrisé, le véritable enjeu devient celui du talent à savoir le transmettre. La maladresse à l'oral est plus d'ordre culturel que psychologique, elle est liée au moule d'origine plus qu'à une incapacité personnelle. La situation n'est donc pas désespérée.

Jean-Marie Descarpentries – lui-même cité plus loin en exemple de grand talent –, avance plusieurs raisons à ce « mal » qu'ont beaucoup de leaders à communiquer :

- *les dirigeants sont trop intelligents* : brillants en tout sauf en communication, où ils se révèlent peu sûrs d'eux. Ils dominent tellement leur sujet qu'ils ne savent pas le simplifier ;
- *la plupart sont intellectuels et pas sanguins* : ils font du « plaqué » et n'entrent pas dans le vif du concret. Et les gens le sentent, d'où le manque de contact et de participation. Auraient-ils peur du match ?
- *certains ne savent pas parler vrai, direct* : casser la culture du consensus et, si l'on s'est trompé, le reconnaître ;

1. In *Le manager intuitif*, Meyriem Le Saget, Prix Dauphine Entreprise, Dunod, 2002.

– *est-ce qu'ils aiment les gens ?* La relation à l'autre, avec son public, est pourtant le fondement même de la communication ;
– *ils « jouent personnel »*, alors que le vrai talent, c'est de jouer le talent de l'équipe ;
– *la plupart ne font pas l'effort d'apprendre à communiquer* : ils improvisent au lieu de préparer sérieusement et ils n'ont pas toujours l'humilité suffisante pour accepter de s'entraîner. Or communiquer, ça se travaille…

À ces premières raisons, un autre expert apporte un éclairage fort : Claude Michaud, professeur d'économie à l'INSEAD. Il est lui-même un exemple impressionnant de leader, très aimé pour son authenticité, son sens de l'humain et son intuition :

– *aujourd'hui, les dirigeants sont des chefs d'état major* : un général d'état-major communique bien sur la stratégie, mais *un général de brigade communique mieux avec ses hommes.*
– *leur communication dépend de leur public* : ils sont surtout réactifs et souvent meilleurs dans le dialogue, dans l'intime, que face à une assemblée ;
– *le dirigeant n'est pas très à l'aise pour parler de son entreprise* : il s'aperçoit souvent en public que ce qui intéresse les gens, c'est quelque chose à quoi il n'a pas pensé ;
– *le chef d'entreprise ne peut pas se permettre de dire n'importe quoi* : alors que le théoricien, l'enseignant ou l'opposant sont libres de leur parole, lui doit s'en tenir à un discours rationnel et prudent ;
– *ils sont meilleurs dans l'action et peuvent se révéler dans les situations dramatiques* : face à un vrai challenge, ils reprennent une parole libre, celle de l'engagement devant leur personnel : asséner avec force des idées simples et parler avec les accents de la sincérité retrouvée ;
– *tout au long de l'histoire, le vrai talent de parole ce sont les grands chefs de guerre qui l'ont eu* : César, Alexandre le Grand, Napoléon, Clemenceau, Patton, Churchill, de Gaulle, de Lattre de Tassigny… tous ont su galvaniser les énergies et invoquer une symbolique forte. Ainsi Alexandre (au moment d'envahir la Perse !) : « Rappelons-nous nos rêves d'enfant : conquérir le monde. Ensemble, je veux vous faire réaliser ce rêve et partager un destin glorieux. » Tous ont su parler – voire écrire – avec inspiration, force et talent.

Serge Airaudi, un habitué de nos grands patrons dont il est un conseiller écouté sur les changements de stratégie culturelle, enrichit à son tour cette analyse « critique » de la communication publique du dirigeant :

– *les élites oublient trop souvent que la communication, c'est un rapport aux autres*, et non pas un rapport au concept ou à eux-mêmes ;
– *les patrons vivent en apesanteur dans un monde abstrait, unidimensionnel*, coupé des sensations du réel et des gens ;
– *ils ont une forme d'intelligence abstraite, conceptuelle*, qui cannibalise la communication ;
– *l'intelligence théorique, scientifique, n'est pas autosuffisante* pour parler clairement en public ;
– *l'intelligence à mobiliser pour la communication est plus complexe que l'intelligence théorique*, même si celle-ci est plus compliquée.

Jacques Séguéla – qui n'est pas que conseiller des politiques mais aussi fin connaisseur du monde de l'entreprise –, me permet de terminer ce panorama sur un point fondamental : *il(s) n'écoute(nt) pas*. Ou plutôt, ils écoutent – bonne éducation oblige – mais ils n'entendent pas. De plus, comme ils sont entourés, voire protégés, de collaborateurs qui osent rarement leur dire les choses, ou qui leur ressemblent, ils ne prennent pas le recul nécessaire sur eux-mêmes. La surdité du leader est son pire ennemi : parler et communiquer, c'est avant tout écouter.

Après ce constat, lecteur, si vous ressemblez à ces patrons « froids », prenez leçon de ces critiques instructives. Car, pour construire le *sens* et réussir l'*action* avec son public ou son équipe, personne ne peut plus se contenter d'avoir raison tout seul : il vous faut entraîner votre groupe et le faire adhérer au projet par la vitalité de votre parole.

C'est heureusement ce que beaucoup de managers ou de grands patrons savent faire avec talent. En voici quelques exemples proches de nous. D'ailleurs, peut-être les connaissez-vous.

Exemples de leaders bons communicants

Commençons par celui qui fut l'un des plus doués : Antoine Riboud, ancien patron du groupe Danone et récemment disparu. Peut-être l'aviez-vous découvert un soir à la télévision dans l'émission « L'Heure de vérité » : en une seule prestation, il était devenu un personnage aimé du grand public, comme il l'aura été de ses collaborateurs. Les clés de son talent :

- **Simplicité** : exprimée par sa tenue, par une certaine décontraction dans la posture, un langage peu châtié, de l'humour et un sourire bienveillant qui le rendaient proche. Avec lui, le charme provenait de la simplicité.
- **Élan** : magnifié par l'intonation, les gestes, le regard, mais surtout par un langage tourné vers le futur, à caractère prophétique.
- **Aplomb** : marqué par l'assurance, la structuration du discours, les phrases courtes, les classifications, les ponctuations. Ce qui permet au public de se sentir en confiance, d'avancer avec l'orateur et de comprendre.
- **Émotion** : générée par ce qui vient du plus profond de soi. Antoine Riboud avait des regards émus et citait des sujets, anecdotes, symboles ou images qui faisaient souvent référence à ses souvenirs, à son enfance, à sa région, et qui lui ont permis de faire vibrer ses interlocuteurs, un groupe ou toute une salle.

Un autre exemple de dirigeant attachant est celui de Michel Bon. Ancien patron du groupe France Telecom, il se caractérise en effet par la vision, l'esprit, la simplicité et le don de sympathie.

- **Vision** : il est porté par une vision et sa confiance dans le destin de l'entreprise, il croit à la robustesse et à la flexibilité du corps social : le levier essentiel, c'est les gens. Quand il leur dit : « L'avenir, c'est vous », lui le dit sans démagogie.
- **Esprit** : son intelligence aiguë, sa finesse, lui permettent d'interpeller son auditoire avec un sens de la provocation toujours raisonné et bienveillant.
- **Simplicité** : c'est, avec Per Kaufmann, l'un des dirigeants les plus simples que j'ai vus et entendus : un patron qui ne se prend pas au sérieux et dont l'aisance sur scène, dans la posture et la gestuelle, est rare.
- **Capital de sympathie** : cette simplicité, cette confiance en l'autre et cette décontraction lui permettent de bénéficier d'une grande sympathie de la part de ses équipes et d'être un homme très apprécié (son image est encore forte à France Télécom).

L'exemple de Carlos Ghosn est aujourd'hui le plus célèbre, « l'un des sept patrons les plus respectés au monde » selon le *Financial Times*. Président de Renault-Nissan, brésilien de naissance, libanais de cœur et français de formation, il s'investit beaucoup dans sa communication.

- **Communication** : pour Carlos Ghosn, la communication est un outil de management et il la travaille comme un professionnel.

- **Force d'entraînement** : ambition et engagement quasi-physique, il déploie une énergie incroyablement communicative tant sa confiance en soi est grande.
- **Principe de réalité** : évitant toute construction intellectuelle, toute théorisation, il se centre sur la réalité et sur les faits qui, pour lui, ont la force de l'évidence.
- **Clarté** : structuré, simple et imagé, son discours percutant impressionne fortement ses publics.

Pour finir ce rapide tour d'horizon de quelques orateurs excellents, allons du côté de la finance où la communication est encore si souvent « cartésienne ». Voici un personnage qui ne ressemble guère au style bancaire un peu compassé de la grande banque : Philippe Citerne, économiste, centralien et directeur du groupe Société Générale.

- **Chaleur humaine** : à peine prend-il la parole que l'on se sent bien et en confiance. Il y a de la générosité et de l'ouverture en lui. Il est rassurant.
- **Naturel** : sa formidable présence physique, son regard expressif, son sourire, un corps et une gestuelle détendus et spontanés, font de ses interventions un acte naturel et sincère.
- **Enthousiasme** : ses arguments, ses affirmations, passent chez lui par une passion très communicative et un sens développé de l'image et de l'exemple concret. Il est extrêmement vivant : c'est un conteur né.

Pas de femme patron ? C'est vrai que trop peu de femmes sont encore à la tête des entreprises. Leur communication est pourtant plus spontanée que la plupart de leurs collègues hommes : souvent très authentiques en public, elles ne se sentent pas obligées d'endosser un rôle de personnage digne et acceptent plus aisément de vivre leurs émotions et de les partager avec simplicité.

Citons, entre autres femmes communicantes d'exception, Christine Lagarde : avocate française ayant dirigé six ans le plus gros cabinet américain d'avocats en droit des affaires, elle est plus connue aujourd'hui pour avoir été nommée, en 2005, ministre déléguée au Commerce extérieur. Son grand talent de communication peut se caractériser ainsi :

- **présence** : d'emblée sa posture, son écoute et sa sérénité lui donnent de la classe et beaucoup de force ;
- **« autorité de compétence »** : sa maîtrise des dossiers et son esprit de synthèse imposent l'écoute. Au Conseil des ministres,

elle était, paraît-il, l'une des rares à être écoutée religieusement par les autres ministres... ;

- **maîtrise de soi** : très concentrée, en public comme à la télévision, elle s'exprime avec calme, silences et concision. Elle parvient, avec talent, à persuader sans imposer.

Je me limite à ces cinq exemples, ce qui est évidemment injuste pour tous les absents qui mériteraient de figurer dans cette liste. Mais je voudrais avoir aussi la place de citer brièvement l'exemple de grands scientifiques français qui, « malgré » leur qualité d'expert mondialement reconnu, sont devenus des figures connues et aimées du public : ils ont réussi à transmettre la complexité de la science par un formidable talent à se mettre dans la logique du non-spécialiste ou du profane. Cette qualité de clarté et d'émotion dans leur prise de parole – que ce soit en cours, en conférence, à la radio ou à la télévision –, est un exemple magistral pour chacun d'entre nous : être clair, intéressant et convaincant.

Beaucoup de leurs noms vous sont connus : Pierre-Gilles de Gennes et Georges Charpak (prix Nobel de physique), Hubert Reeves (astrophysicien), Yves Coppens (paléontologue), Joël de Rosnay (prospectiviste), Claude Allègre (géophysicien), André Etchegoyen (philosophe et commissaire au Plan) et Laurent Schwarz (mathématicien). Je pourrais aussi nommer beaucoup de grands professeurs de médecine, qui ont ce même talent de pédagogie, de limpidité et de sensibilité. Et de grande honnêteté intellectuelle, ce qui leur confère un vrai pouvoir de séduction.

Parlons un instant du cas de Laurent Schwarz, car les mathématiques peuvent paraître, *a priori*, la science la plus abstraite. Et pourtant...

Lui qui a reçu la récompense suprême, la médaille Fields[1], et qui a enseigné l'analyse mathématique à l'École Polytechnique, m'a été décrit par plusieurs de ses anciens étudiants comme un professeur d'une aura et d'une pédagogie impressionnantes :

- **Passion** : au-delà de sa réputation internationale, Laurent Schwarz a joui auprès des étudiants de l'X d'un charisme exceptionnel. Un signe qui ne trompe pas : l'amphithéâtre était toujours bondé pour ses cours, à la différence d'autres professeurs, brillants mais techniques, sans passion et sans méthode. Lui, au contraire, parlait de façon habitée, avec flamme.
- **Sobriété** : il a su se faire écouter par une attitude de majesté et de sagesse, et une communication douce dans l'expression.

1. La médaille Fields est l'équivalent pour les mathématiques du Prix Nobel.

- **Clarté** : lumineux dans l'explication, en particulier grâce au recours à la métaphore qui lui permettait de rendre limpide la pensée mathématique la plus élevée.
- **Relation** : il établissait un vrai contact avec ses étudiants. L'un d'entre eux m'a confié : « C'est bien simple : les autres professeurs regardent le tableau, Laurent Schwarz, lui, regarde les étudiants ».

Le sens de l'autre... Voilà l'un des fondements de la prise de parole en public. Allons voir quel secret permet à ces chefs d'entreprise ou à ces grands scientifiques de communiquer avec un tel talent.

Ils doivent bien avoir un secret

Au fond, vous l'avez bien compris : ce qui fait le talent de ces orateurs, c'est moins leur savoir intrinsèque que leurs qualités humaines et leur *savoir être*. À leur Q.I. (certes élevé), ils savent allier la dimension de l'émotion et l'intelligence de l'autre : manifester ses émotions et les partager avec son public, c'est avoir cette forme d'« intelligence émotionnelle » qui correspond très exactement au « triangle grec » (voir la fiche-conseils 4) :

Tête Communiquer une vision et donner du sens, avec clarté et pédagogie
Cœur Intégrer les valeurs de l'auditoire, avoir le sens de l'humain, exprimer sa conviction et son ressenti sincère
Corps Parler c'est agir : s'impliquer dans ses mots et s'engager dans l'action avec énergie, rigueur et courage (« avoir des tripes »)

Si le sujet de votre présentation constitue en quelque sorte une figure imposée, c'est dans les figures libres que vous ferez la différence : une *tête* clairvoyante, un *cœur* chaleureux et simple, et un *corps* à l'aise et impliqué. En conjuguant ces trois registres, vous saurez à l'égal de ces grands orateurs donner plus de souffle à vos interventions.

Les politiques ont-ils du talent ?

Ce serait souhaitable pour eux – et aussi pour nous, leur public. Car une vraie vision et un engagement fort, constant, méritent d'être communiqués avec talent pour nous les faire comprendre et partager.

Bien sûr, il n'est pas question ici de politique mais uniquement de l'expression à l'oral, de la manière dont les « hommes publics » nous parlent « au fond des yeux ».

Les plus marquants, les plus spectaculaires, sont sans aucun doute les *narcissiques*[1] (être admiré pour sa vision ou son courage) : De Gaulle, Churchill, Kennedy, Willy Brandt, Mitterrand…

Les plus aimés sont les « érotiques »[2] (aimer et être aimé) : Gandhi, Martin Luther King, l'abbé Pierre, Carter, Mandela, Jean-Paul II, le Dalaï Lama… Il est vrai que leur message n'est pas toujours d'ordre « politique » et se situe souvent au-delà du pouvoir temporel.

Un autre type de séduction modeste est celle de l'« honnête homme » : penser et dire juste, avec pudeur et courage. C'est le talent discret de Mendès-France, Barre, Simone Veil, Rocard, Deniau, Delors, qui ont eu une forme d'aura au second degré. Mais le suffrage universel aime les idées simples et les émotions fortes. Beaucoup de ces orateurs pudiques n'ont donc jamais conquis le pouvoir suprême, ou pu y durer.

Puis d'autres, qui s'efforcent avec un bonheur inégal de gagner en charisme. Et qui, de plus en plus, s'entraînent et progressent au fil du temps. Pourtant, certains ont toujours refusé d'être conseillés par un « coach » : ainsi Mitterrand (avocat il est vrai), Barre, Jospin (tous deux enseignants), ou Juppé. D'autres ont assez d'humilité pour s'entraîner et répéter, notamment lorsqu'ils ont à débattre avec des contradicteurs. Le premier qui l'ait fait en véritable professionnel a été de Gaulle, qui faisait venir à l'Élysée un grand tragédien de l'époque, Jean Yonnel, doyen de la Comédie-Française. Plus récemment : Jacques Chirac, qui pendant trois ans est allé chaque mois aux États-Unis se former avec le coach de Reagan et de Bush père. Georges W. Bush est un piètre exemple de la technique d'éloquence à l'américaine (mine bronzée, lentilles de contact, prompteur, phrases parfaitement calibrées et dites solennellement entre deux silences appuyés) : technique sans doute efficace sur une partie du public américain mais vite artificielle et mécanique : le discours reste congelé, sans âme.

---

1. *Cf.* en début de chapitre l'explication de ce terme emprunté à Freud.
2. *Ibid.*

Enfin, un éventail de personnages politiques d'aujourd'hui. Précisons une fois encore que le rapide diagnostic qui va suivre ne porte ni sur les personnes, ni sur les contenus de leurs projets politiques, mais uniquement sur la *forme* de leur communication et sur l'*image* que celle-ci peut produire dans l'opinion publique. J'espère que, grâce à mon sincère effort d'objectivité, cette analyse ne froissera pas trop votre part de subjectivité, effet cependant inévitable dès qu'on aborde le domaine toujours sensible de la politique… Essayons ensemble de ne pas trop réagir à l'épiderme, et de passer avec équité et sang-froid plusieurs femmes et hommes politiques au « banc d'essai » de la parole publique. Citons d'abord les plus talentueux :

- **Les meilleurs** (hors catégorie ?).

  Bill Clinton, *Tony Blair,* et, dans un registre proche, *Bernard Kouchner* : virtuoses doués d'une grande présence, d'un naturel d'« acteur », d'humour et d'une palette étendue d'émotions, ils sont capables d'insuffler un élan visionnaire, de subjuguer le public et de communiquer leur engagement avec force et élégance. Bien que leur (grand) talent réside souvent plus dans l'art du *séduire* que dans la rigueur du *convaincre*…
- **Les « tribuns »** (genre en voie de disparition : le petit écran a, depuis, beaucoup bridé ce type d'éloquence).

  Philippe Séguin et *Robert Badinter,* tous deux capables de soulever un auditoire et de forcer sa décision (Badinter contre la peine de mort à l'Assemblée, Séguin contre Maastricht au congrès du RPR…).
- **Un cas** (hors normes ?).

  Jean-Marie Le Pen. Véritable « *show man* », « *fort en gueule* » et habile en raccourcis, bateleur dont la verve, l'esbroufe, ne sont approchées que par l'aplomb d'un *Bernard Tapie*, doué d'un sens aigu de la mise en scène et d'un verbe redoutable. Mais… : simplisme, goût de la provocation, cynisme, engagement physique quasi violent et « humour » vite obscène. Sous le masque devenu patelin, le vieux Raminagrobis a les griffes toujours bien acérées.

Parlons également des autres politiques actuels. Nous n'en citerons évidemment que quelques-uns (par ordre alphabétique), qui sont d'ailleurs bien meilleurs en *meetings* face à des militants, où ils peuvent davantage se lâcher, que dans la demi-teinte qu'imposent les gros plans de la télévision :

- *François Bayrou.*

  Confiance en soi, qualité du vocabulaire, discours posé et décidé : quel parcours pour cet ancien bègue ! Pourtant, si la phrase est souvent belle, son sens reste trop général. Et l'effort marqué qu'il s'impose pour préserver une diction nette, l'enferme dans un phrasé de précaution qui le prive de ces ruptures de rythme et de cette éloquence de tribun à laquelle son tempérament et sa culture le font peut-être aspirer.

- *Olivier Besancenot.*

  Lui, est brillant : improvisateur né, naturel, entier, rapide dans le trait et la répartie, maître de lui, préparant à fond ses interventions et sachant manier à propos l'exemple incisif. Cependant, comme *Christiane Taubira*, qui possède un talent comparable mais avec une dialectique plus fine et davantage de souplesse que lui, ce rude débatteur communique essentiellement sur le registre de la véhémence, et son approche ressemble plus à celle du syndicaliste que d'un leader inspiré et constructif.

- *Jacques Chirac.*

  Paradoxal entre tous et mêlant les contraires : à la fois une forte présence (quelle allure a notre *John Wayne* national !), un réel tempérament d'acteur, un inaltérable toupet, une envie évidente de convaincre et d'être aimé…, mais aussi la maladresse d'un grand corps empesé, des gestes de théâtre, un débit solennel de mot à mot (ah ! ces silences perpétuels, lourdement pollués par des « euh… écoutez… » et des « naturellement » qui font la joie de nos imitateurs), et la lecture pesante de discours trop écrits, faits de grandes phrases abstraites dites avec emphase. Acteur maladroit, dont la maladresse même est souvent touchante comme celle d'un vieil adolescent sympathique mais écolier laborieux…, il réussit en de trop rares circonstances (ex. : son discours sur le Vél' d'Hiv' ou, récemment, celui sur les Justes), à se livrer enfin avec une vérité non feinte. Alors là, et seulement, il parvient à toucher le public au plus profond.

- *Ségolène Royal.*

  Son image lumineuse et son propos inattendu surprennent et séduisent au premier abord. La liberté de ton qu'elle met en avant, son assurance conquérante et son engagement personnel sur les valeurs, les symboles, lui donnent une autorité et une présence indéniables. En débat, elle sait crânement faire front et reprendre la main. Mais sa posture paraît guindée, sa gestuelle empruntée, ses phrases trop longues, son langage imprécis, son ton monocorde, et sa voix vite métallique dans l'affrontement… Malgré son sourire (trop appuyé), elle semble un peu gauche, et son argumentation, souvent abstraite, manque parfois d'impact.

- *Nicolas Sarkozy.*

  Orateur extraverti, effervescent, mousquetaire vif-argent, champion de la phrase courte et de la « réplique-qui-tue », super entraîné et d'un aplomb à toute épreuve, c'est assurément un « battant », qui exerce un réel ascendant sur les foules. Mais ses excès sont à l'égal de ses dispositions : bagarreur impénitent, recours trop systématique au « moi », au « je », posture raide (« on dirait qu'il boite des deux pieds », ai-je lu quelque part), crispation de la mâchoire et des épaules, ton et gestes autoritaires, sourire mordant, colère à fleur de peau… Il lui manque de mieux se contrôler, d'être moins visiblement satisfait de lui et d'instaurer un minimum de calme en soi, pour réussir à apparaître plus rassurant, plus chaleureux.

- *Dominique Strauss-Kahn.*

  Hasard de l'alphabet : il démontre exactement les qualités et les lacunes inverses de celles prêtées à Nicolas Sarkozy ci-dessus. Calme, voix bien posée, réfléchi dans son discours comme dans ses réponses, lui parle d'un ton plus bienveillant et serein : son image a cette autorité de compétence et ce côté « force tranquille » qui rassurent. Son discours est construit, et son propos nuancé comme celui de l'économiste et de l'enseignant qu'il est aussi. Mais la médaille de la maîtrise de soi a son revers : il gagnerait à changer de temps à autre de braquet et à « monter » en intensité. Trop *expert* dans son propos et pas assez *sanguin*, il lui manque à l'écran un peu de cet enthousiasme et de ce souffle qui lui donneraient plus de charisme.

Parmi les candidats de 2007, citons encore : *José Bové*, *Marie-George Buffet*, *Arlette Laguiller*, *Philippe De Villiers*, *Dominique Voynet*… La plupart ont en commun de la constance et même du courage (ex. : *Bové, Buffet, Laguiller*) ; certains témoignent de beaucoup de sensibilité (ex. : *Buffet, Laguiller*), d'autres défendent un raisonnement plus argumenté (ex. : *Voynet*). Mais, à l'exception de *De Villiers,* qui résiste rarement à la tentation d'amuser la galerie avec des formulations à l'emporte-pièce, tous sont limités sur le plan de la forme par leur registre monotone, un peu scolaire, et un discours univoque prononcé sur « une seule note ». Ils deviennent ainsi lassants à l'oral (à la rigueur plus intéressants à lire qu'à écouter)[1].

Puisque nous avons évoqué l'élection présidentielle (« prise de parole » suprême devant un public de 42 millions de spectateurs-électeurs inscrits...), terminons ce chapitre par le portrait-robot que *Jacques Séguéla* a esquissé en 2000 dans son ouvrage *Le vertige des urnes* (*cf.* bibliographie), à propos du futur président et des leaders à venir :

> *« Il sera un peu moins cynique, un peu plus moral ; un peu moins égoïste, un peu plus humoriste ; un peu moins autoritaire, un peu plus consensuel ; un peu moins conflictuel, un peu plus contractuel ; un peu moins financier, un peu plus aventurier ; un peu moins technocrate, un peu plus instinctif ; un peu moins ingénieur, un peu plus poète. Un peu moins passéiste ; un peu plus moderniste. Et surtout porteur d'une ambition. »*

Peut-être que certaines de ces qualités sont, ou seront, votre portrait tout craché... Donc, assez parlé des autres : parlons de vous. De vous qui allez parler, justement. À la lumière de ces exemples, vous savez maintenant ce qu'il vous reste à faire (ou ne pas faire) pour toucher toutes les facettes de vos publics : cultiver la plénitude de votre « cerveau total® ».

1. À l'heure où ces lignes sont écrites, le premier tour de l'élection présidentielle de 2007 n'a pas eu lieu : les scores de chaque candidat ne seront connus que dans douze jours. Heureusement, nous savons bien que la forme ne décide pas d'un scrutin. Quoique...

Chapitre 12
Parler à « cerveau total® »

« Pour son accomplissement,
l'homme n'a pas besoin de perfection mais de plénitude. »
Carl-Gustav Jung

Et s'il y avait une clé unique…

Pourrait-on **synthétiser la totalité des enseignements de ce livre par un modèle global**, qui permettrait d'accéder aux différentes clés de l'oral et de les réviser encore plus aisément ?

Cette clé existe : il s'agit du modèle Herrmann du « cerveau total® », exposé dans les pages suivantes, qui vous aidera, concrètement, à enrichir votre propre talent d'orateur.

Rappelons d'abord en quoi la connaissance du cerveau anatomique a permis de faire avancer en parallèle les sciences cognitives, c'est-à-dire l'accès à la connaissance de l'*esprit*.

Tout a commencé par un mystérieux cas

Les premiers constats expérimentaux sur la structure et le fonctionnement du cerveau physique remontent loin dans l'histoire : au célèbre cas *princeps* de Phineas P. Gage. En 1848, à la suite d'une violente explosion sur un chantier de chemins de fer, un jeune contremaître de vingt-cinq ans a le front troué par une barre à mine qui lui traverse le lobe frontal et atterrit quarante mètres plus loin.

Or, après cinq minutes de convulsions, Phineas Gage survit miraculeusement au vaste trou qui s'est ouvert dans son front, et peut reparler et marcher très peu de temps après l'accident. Sa mémoire est intacte et il est toujours capable d'apprendre. Il revient à son travail, mais sera rapidement congédié de son poste de contremaître à cause d'importants changements de personnalité et d'écarts de comportement. Car Phineas Gage est devenu quelqu'un d'autre : l'équilibre entre ses facultés intellectuelles et ses propensions animales semble s'être rompu. Il est devenu incapable de se comporter de façon raisonnable et manifeste des épisodes de surexcitation qui s'accompagnent d'impulsivité, de caprices, de versatilité et même de grossièreté vis-à-vis de ses compagnons, ce qui ne lui était pas habituel. La lésion frontale a engendré chez lui une perte du sens des responsabilités, des règles morales et des conventions sociales.

Gage, rejeté par ses employeurs, parcourt l'Amérique, s'exhibant comme attraction de foire avec sa barre métallique, puis meurt d'une crise convulsive treize ans plus tard.

Ce cas a beaucoup intrigué la communauté scientifique d'alors. Aujourd'hui, à la lumière des connaissances neurobiologiques du cerveau, on a réussi à dresser une analyse rétrospective précise des troubles anatomiques et cliniques de Phineas Gage, fondateur involontaire de la neurologie américaine moderne[1]...

Depuis l'apparition, en 1929, de l'électroencéphalogramme, et grâce aux nouvelles techniques d'investigation (IRM : imagerie par résonance magnétique nucléaire, TEP : tomographies par émission de positons sous injection de glucose radioactif, pôle Neuro-Spin...), les progrès des chercheurs ont en effet permis de mieux connaître notre cerveau physiologique et d'alimenter ainsi, en parallèle, la recherche cognitive sur la façon dont l'individu accède à la connaissance, c'est-à-dire son esprit. Citons quelques pionniers de l'intelligence humaine (neurophysiologistes, philosophes, psychologues) : Roger W. Sperry, Robert Ornstein, Henry Mintzberg, Henri Laborit, Jean-Pierre Changeux...

Ce qu'il faut savoir du cerveau anatomique

Nous savons aujourd'hui que le cerveau humain, qui pèse moins de 1,5 kilogrammes (soit 2 % du poids du corps), consomme à lui seul 20 % des besoins corporels en oxygène, qu'il comprend près de 100 milliards

1. D'après le neurobiologiste Jean-Didier Vincent : *Biologie des passions*, Éditions Odile Jacob, 2006.

de neurones et que *chacun* d'entre eux reçoit jusqu'à 15 000 signaux physiques envoyés par les neurones voisins. Nous savons aussi que les interconnexions possibles entre tous les neurones d'un cerveau humain dépassent le nombre des atomes de l'univers.

Dans son organisation, le cerveau humain est plus complexe que toute autre structure connue : c'est cette complexité extraordinaire qui explique notre aptitude étonnante à imaginer, penser, déduire, s'amuser et créer. Si l'on devait chiffrer la somme totale des interconnexions d'un cerveau humain, ce nombre inimaginable (2 élevé à la puissance de 10 000 milliards) couvrirait une distance vertigineuse, supérieure à dix millions de kilomètres…

Un capital d'intelligence qui s'épuise peu à peu ? Certes, des cellules grises meurent chaque jour en nous (notamment parce qu'elles sont inactivées). Mais 90 % des neurones ne dégénèrent pas et sont disponibles pour établir de nouveaux contacts avec d'autres neurones. Chaque jour, notre cerveau fait sa gym' et de nouvelles interactions se mettent en place : il nous faudrait vivre 30 000 ans pour épuiser toute notre matière grise ! D'ici là, nous avons le temps de beaucoup apprendre et inventer. L'intelligence, une potion de « 30 000 ans d'âge » à déguster sans modération…

Deux étapes majeures ont été franchies à partir de la seconde moitié du XXe siècle dans la compréhension des fonctionnements de l'esprit humain.

- Années 1950 : la mise en lumière du cerveau *triunique* (les trois étages du cerveau humain) ;
- Dans les années 1960 à 1980 : celle du cerveau *asymétrique* (les hémisphères gauche et droit).

Ces étapes décisives ont valu à leurs auteurs la consécration du monde scientifique et d'un large public, et fait avancer les sciences humaines à pas de géant. Comme elles ont un impact direct sur le thème de ce livre et, plus spécifiquement, de ce dernier chapitre, rappelons-les en quelques notions essentielles[1]. J'espère que, comme pour moi, ces éléments passionneront celui qui les découvrira, et que vous verrez bientôt, cher orateur, en quoi ceci explique et enrichit cela.

1. Je m'inspire ici d'abord des développements très complets apportés par Ned Herrmann dans son ouvrage fondateur : *Les dominances cérébrales et la créativité*, Retz, 1988 ; puis de nombreux ouvrages spécialisés et… de revues d'arts martiaux.

Le cerveau a trois étages

De même que la ville où nous habitons, le cerveau qui est le nôtre aujourd'hui est le fruit d'une longue histoire... Il possède son vieux quartier, où se pratiquaient à l'époque les activités nécessaires à la survie. Il possède aussi d'autres quartiers de vie plus récents qui se sont développés autour de lui. Enfin, la ville moderne que nous connaissons à présent, qui s'est édifiée sur les fondations de quartiers plus anciens.

Selon le biologiste Paul D. Mc Lean (États-Unis), chercheur en évolution et comportement du cerveau, le cerveau humain est en réalité composé de trois cerveaux, chacun superposé au précédent comme les poupées russes sont emboîtées l'une sur l'autre : ces trois cerveaux distincts, apparus successivement au cours de l'évolution, cohabitent en nous. Le premier cerveau est le cerveau primitif ou *reptilien*. Puis le système *limbique* est apparu chez les petits mammifères il y a environ 200 millions d'années. Enfin, le *néocortex* a commencé sa fulgurante expansion chez les primates il y a à peine trois millions d'années avec l'apparition du genre *Homo* (l'*homo sapiens*, lui, ne date que de 30 000 ans).

L'évolution du cerveau peut donc se résumer en trois stades distincts :

1. *survie/territoire* (ex. : le crocodile),
2. *affects* (ex. : le cheval),
3. *intellect* (l'homme).

• Le cerveau **« reptilien »**, né il y a 500 à 600 millions d'années chez les poissons, puis développé il y a 250 millions d'années chez les reptiles et tous les ovipares, est ainsi appelé car il est la survivance du cerveau de la préhistoire (il correspond à celui des crocodiles et des lézards d'aujourd'hui). Ce cerveau comprend le tronc cérébral et le système nerveux central. Il assure la survie de l'organisme grâce à un répertoire limité de comportements réflexes et instinctifs qui permettent la satisfaction des besoins essentiels : repérer les sources de nourriture et se la procurer, reconnaître ses semblables, trouver des partenaires et s'accoupler, définir son territoire et trouver son gîte, reconnaître les prédateurs et s'en protéger.

C'est également lui qui intervient dans nos pulsions ou dans les réactions involontaires du corps (ex. : gestes automatiques, tics corporels, grattage de la tête, toussotements...).

Le cerveau reptilien filtre l'attention portée à l'environnement selon trois critères majeurs : *plaisir, nouveauté* et *menace*. Il régit la motricité et déclenche les comportements génétiques-instinctifs : « *dominance et*

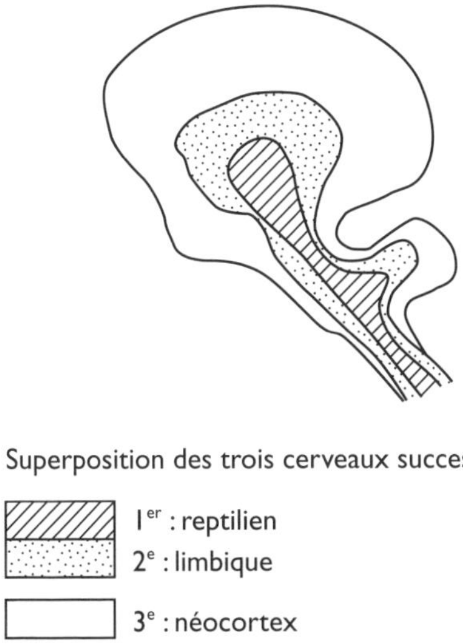

Le schéma du cerveau « *triunique* » (Paul D. Mc Lean, 1949)

soumission, rites d'imitation du leader, ligue contre les faibles ou les nouveaux, défense du territoire, chasse, accueil, rassemblement, jeux… »

Dirigé par l'instinct, ce cerveau contient le savoir ancestral de l'espèce et une partie du système involontaire. Fonctionnant avec une mémoire immédiate très volatile, il échappe à toute conscience.

• Le système « **limbique** », qui constitue les zones centrales du cerveau, est plus récent : appelé aussi cerveau *émotif*, il est apparu avec les premiers mammifères. Il assure le contrôle de l'équilibre physiologique (*homéostasie*) : température du corps, pression sanguine, niveau de glucose, fréquence cardiaque, cycles : veille, sommeil, fécondité, gestation… Centre de création des souvenirs, capable de mémoriser les comportements agréables ou désagréables, et par conséquent responsable chez l'humain de ce que nous appelons les émotions, il permet notamment l'établissement de liens affectifs, la vie sociale et l'apprentissage de nos comportements complexes.

Il joue donc un rôle de *filtre*, en laissant passer – ou non – l'émotion vers la réflexion : toute information passe devant le tribunal du limbique avant d'accéder au cortex !

Si les ovipares (le reptilien) délaissent leurs œufs après la couvaison, les mammifères, eux, élèvent leurs petits, les éduquent et les aiment : nourriture, apprentissages, caresses, réprimandes, jeux…

Cerveau déjà complexe, dans lequel se sont ancrés nos systèmes de valeurs, nos croyances et nos conditionnements socioculturels, le système limbique stocke nos expériences et imprègne activement la mémoire à long terme. Non content de contrôler nos émotions, il contribue au développement de nos connaissances. On connaît maintenant son importance dans le processus d'apprentissage parce qu'il exerce un rôle primordial dans le transfert des informations reçues vers la mémoire.

Ce sont en effet, non la rationalité pure, mais les *affects* et les *images* (les « impressions ») qui imprègnent l'étage limbique : après avoir vérifié et comparé chaque information nouvelle relayée par les sens à une expérience antérieure, le système limbique la dirige vers les régions du cerveau associées fonctionnellement à la nature du souvenir à stocker : *mots* ? centre du langage, nombres ? centre du calcul, images visuelles ? aire visuelle, etc.

Le cerveau limbique est le siège de nos représentations personnelles (chacun a sa propre vision du monde) et de nos jugements de valeur, souvent inconscients, qui exercent une influence très forte sur nos choix et comportements : bref, notre « cadre de références ».

Rappelons donc que :

- toute information passe d'abord par le limbique, qui la filtre à sa guise avant d'exciter le cortex ;
- c'est lui qui assure le début de la connaissance par l'*image* ;
- le limbique est imperméable à toute logique[1] ;
- l'absence d'émotions et de sentiments empêche d'être vraiment rationnel.

• Le cerveau supérieur ou « **néocortex** » enfin, qui constitue l'écorce cérébrale, cette matière grise qui enveloppe tout notre cerveau, est aussi appelé cerveau *logique*. Il vient parachever l'évolution en dotant l'espèce de moyens très sophistiqués de traitement des informations en provenance du monde extérieur, et lui permet l'acquisition de connaissances nouvelles, la conceptualisation, la prévision et la planification de ses actions.

Né avec les primates, ce néocortex culmine chez l'humain avec nos deux gros hémisphères cérébraux qui prennent une importance considérable (avancée du lobe frontal). C'est grâce à eux que se sont développés le langage, la pensée abstraite, l'imagination et la conscience. La capacité toute récente du langage a permis à l'espèce humaine la construction

---

1. *In* Dominique Chalvin et Christine Rubaud, *Utilisez toutes les capacités de votre cerveau*, ESF, 1995.

de liens sociaux très élaborés, la transmission des connaissances de génération en génération et, surtout un outil de contrôle interne de la pensée et des comportements : prise de *conscience* et *langage interne*.

Coiffant le cerveau limbique et fortement relié à lui, le cerveau cortical est la calotte pensante, cette masse grise d'aspect plissé qui a évolué avec une extraordinaire rapidité durant le dernier million d'années pour produire l'être humain que l'on connaît aujourd'hui. C'est le néocortex qui nous permet de constituer jour après jour notre « culture ». Et qui nous offre, par son extrême plasticité, des *capacités d'apprentissage* quasi infinies.

Traitement de l'information et maîtrise de l'émotivité

Sur le plan de la vitesse d'exécution, le plus rapide est évidemment le reptilien, cerveau de la survie. Le limbique est trois fois plus lent, et le cortex trente fois plus, que le reptilien ! Plus le traitement des informations devient complexe, plus le processus ralentit. En situation de stress et de forte charge émotive, nous tendons à emprunter des voies d'action d'autant plus rapides qu'elles sont plus instinctives. Les réactions impulsives, accompagnées d'une suspension partielle et momentanée des capacités d'analyse et de réflexion, apparaissent plus fréquemment dans les situations où la peur, la colère ou le désir amoureux semblent nous « troubler » l'esprit.

Ce phénomène de « rétrogradation », par exemple lors d'un examen ou d'une prise de parole en public, réduit considérablement nos capacités à traiter les difficultés rencontrées. Heureusement, le seul fait de *lâcher prise* permet au reptilien et au limbique d'accéder instantanément à notre mémoire sans être ralentis par le cerveau « intelligent », et de fonctionner sur les ressorts inconscients et fulgurants de l'intuition et de l'*improvisation*.

Et voilà pourquoi – sauf à l'avoir anticipé –, le corps ne sait pas mentir : il n'a pas le temps matériel d'élaborer un comportement organisé volontaire… D'où les décalages et manifestations de « non congruence » qui peuvent survenir entre les comportements et le discours (*cf.* chapitre 6).

Face à la charge émotive évoquée, par exemple un trac élevé, le *langage interne* permet de réduire les effets négatifs de cette régression. Grâce au monologue intérieur (« *Je respire* », « *Je me concentre* »), on peut en effet se dissocier de ses réactions émotives, se commander à soi-même de se calmer ou de se mobiliser, changer sa perception de la situation et récupérer ainsi ses capacités de réflexion et de maîtrise de soi.

L'organisation des deux hémisphères

Le néocortex comprend environ 80 % de la totalité de la matière cervicale, dont la plus grande partie du cortex pensant (matière grise). Anatomiquement, il est divisé en deux hémisphères corticaux, appelés communément cerveau gauche et cerveau droit. Dans ces hémisphères, se trouvent les processus qui traitent la vue, l'ouïe, les perceptions physiques, le contrôle moteur, ainsi que le raisonnement, la pensée intellectuelle, la décision, le comportement volontaire, le langage et la formation des idées.

En réalité, on peut dire que le cerveau de l'homme est « doublement double » car, nichées dans chacun des deux hémisphères corticaux, se trouvent aussi les deux moitiés du système limbique. Gauche et droit, ces deux ensembles de structures bilatérales, intercommunicants, comprennent les quatre lobes cérébraux qui contrôlent nos principales fonctions mentales. Ce sont donc ces quatre parties qui composent l'*esprit* humain.

Cerveau gauche (logique) et **cerveau droit** (analogique)

Dès 1949, dans *Autoportrait*, Einstein dépeint le processus mental complet de la pensée qui émerge à partir de l'instant créatif (idée « native ») : « *Lorsque, à la réception des impressions sensorielles, des images mentales émergent, ce n'est pas encore la "pensée". La transition de l'**association libre**, ou de la rêverie, à la pensée est caractérisée par le "concept". Le cheminement de notre pensée s'accomplit sans utiliser de mots et progresse de façon inconsciente. Le développement de la pensée est, en un certain sens, une permanente envolée à partir de l'**étonnement**. Le rapport entre les expériences sensorielles et l'univers conceptuel est purement **intuitif**, n'étant pas lui-même de nature logique. Ainsi... le couple Galilée-Newton : l'un saisissant intuitivement les relations, l'autre les formulant avec rigueur et les appliquant quantitativement.* »

Ici, cerveaux droit et gauche sont déjà bien saisis sur le vif par notre grand savant violoniste...

Plus près de nous, Roger W. Sperry, grande figure des neurosciences et chercheur au California Institute of Technology, a été rendu célèbre grâce à ses travaux sur l'épilepsie et les cerveaux dédoublés. Ses conclusions cognitives sur les connexions entre les hémisphères cérébraux (cerveau *asymétrique*) lui ont valu le prix Nobel de médecine en 1981. Il a notamment décrit le rôle singulier de chaque hémisphère cérébral dans la perception du langage et de l'espace, la reconnaissance des visages, les jugements de valeur, le raisonnement et l'affectivité.

Chaque hémisphère possède en effet son mode de pensée distinct, bien spécialisé :

– L'hémisphère **gauche** (les rails...) : logique, analytique, séquentiel et *verbal* = processus mécanique lent ;

Institut Herrmann.

– L'hémisphère **droit** (la vision...) : spatial, visuel, affectif et sensible (*non verbal*) = processus fulgurant.

Institut Herrmann.

Les cerveaux gauche et droit communiquent entre eux

L'intelligence et la communication étant faites de la conjugaison harmonieuse de ces deux pôles d'excellence, revenons à Ned Herrmann pour comprendre comment deux cerveaux si opposés parviennent cependant à dialoguer entre eux en quelques centaines ou dizaines de millisecondes.

« Le cerveau est rempli de connecteurs : ce sont les centaines de millions de "câbles" qui transportent les signaux allant des neurones d'une moitié du cer-

veau vers les neurones "miroir" situés dans l'autre moitié. Ils permettent au cerveau de coordonner des activités situées dans des régions parallèles de chaque hémisphère, au niveau du cortex comme du limbique. La voie principale de ce transit interhémisphérique réside dans le "corps calleux" : telles de grands câbles téléphoniques, 200 à 300 millions de fibres connectent les deux moitiés du cerveau, et rendent physiologiquement possible le transfert de l'information, ainsi qu'une collaboration et une intégration réciproques. » De même, une autre connexion relie les deux moitiés du système limbique (la commissure de l'hippocampe).

N.B. : **Le corps calleux des hommes et des femmes** est différent, et les femmes semblent avoir une capacité d'*itération* (aller-retour des signaux) plus performante :

- Le corps calleux est en effet 10 % plus grand chez les femmes ;
- La vitesse d'impulsion des neurones d'un hémisphère à l'autre est, chez elles, de cinq à dix fois plus rapide ;
- Le corps calleux des petites filles est à maturité vers l'âge de neuf à douze ans, trois ans avant celui des garçons.

« C'est peut-être ce qui se manifeste plus tard dans l'aisance avec laquelle les femmes pratiquent le fonctionnement intuitif, non linéaire, et dans leur aptitude à exprimer verbalement ces modes. » (les hommes, pour leur part, adoptant souvent un comportement plus dichotomique : logique *ou* affectif).

Les gauchers ont, eux aussi, un corps calleux plus épais. Rappelons que chaque hémisphère commande la partie opposée du visage et du corps : l'environnement étant principalement agencé pour les droitiers, les gauchers sollicitent plus fréquemment l'hémisphère droit (siège de l'adaptabilité). Les gauchers, plus souvent sujets à la dyslexie, excellent dans certains sports, chez les artistes et… parmi les mathématiciens.

Avec le concept du « cerveau total® », la quadrature du cercle est résolue

Inventer, réfléchir, communiquer et contrôler, sont des activités mentales complexes que l'on ne peut traduire en recettes mécaniques. Pour les saisir, il fallait une clé de lecture systémique, un *modèle*. S'appuyant sur la découverte du cerveau bilatéral (gauche et droit) et y intégrant les deux dimensions pensée + ressenti, Ned Herrmann établit, en 1976, la synthèse du fonctionnement de l'*esprit* en un modèle applicatif à quatre « quadrants ». (L'étage reptilien des scientifiques n'a pas à figurer dans ce modèle car il s'agit d'un cerveau automatique, donc non concerné et de toute façon inaccessible.)

Formé en physique, mécanique générale et... musicologie, Ned Herrmann a mené sa carrière à la General Electric. Directeur de l'Institut de formation au management, il s'est interrogé sur les meilleures pédagogies pour motiver et former des publics manifestement très différents dans leurs modes d'apprentissage. Il a alors démontré que chaque individu sélectionne les *stimuli* qui déclenchent ses modes d'acquisition et d'action en fonction de ses **« préférences mentales »**.

Son but : créer un modèle facilement opérant (ni interprétatif, ni « psychologisant »), afin d'aider à améliorer l'ensemble de nos comportements professionnels et privés. Son concept global, le « cerveau total® », synthétise trente années de recherches en neurosciences et psychologie fonctionnelle. Léonard de Vinci avait établi en 1 500 la distinction entre cerveau et *esprit* : dès lors, des chercheurs ont pu étudier parallèlement le fonctionnement du cerveau indépendamment de l'organe physique, un peu comme on étudierait la danse séparément du corps. Le cerveau est donc traité ici **du seul point de vue de l'esprit**.

Ce concept, qu'il a mis au point et perfectionné en douze années de validations successives, repose sur un modèle graphique synthétique. Celui-ci permet d'identifier et de **mesurer** les modes de traitement préférentiels d'une personne, l'aidant ainsi à prendre la mesure des changements à entreprendre. Car, physiquement spécialisé dans ses quatre composantes, le cerveau l'est aussi *mentalement*. Sa représentation symbolique se traduit par quatre « quadrants » distincts, dont chacun a son langage, ses perceptions, ses valeurs, ses talents, et ses façons d'être et de savoir.

Chacun de nous est structuré par son cadre de références, profil unique[1] de son *mode de traitement préférentiel*, où chaque quadrant peut être mesuré en utilisation **forte**/utilisation **moyenne**/et **évitement** (évitement = « *Je n'aime pas me prendre la tête* », « *Je me méfie des émotions* »...). Aucun profil n'est bon ou mauvais en soi : chacun est seulement plus ou moins adapté à l'action visée et à la communication avec les autres. De plus, le terme de « préférence » n'a rien à voir avec la compétence, que l'on peut développer avec la formation et l'expérience (*boucles* de renforcement). La préférence est notre mode de traitement *favori*, qui nous ressemble...

1. Ned Herrmann a publié l'ensemble de ses recherches en 1988 : « *Les dominances cérébrales et la créativité* », Retz (traduit en français en 1992).

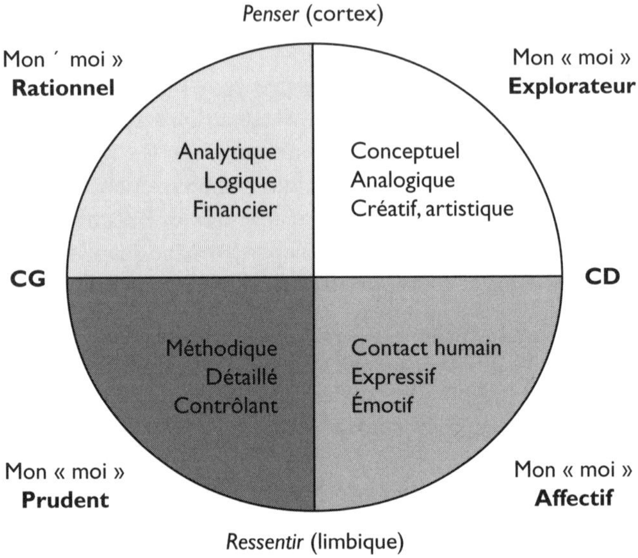

Le concept Herrmann de base : « Cerveau total® »

Ainsi, prendre conscience de son style de pensée permet d'apprendre à sortir de ses habitudes pour gagner en flexibilité, mieux s'adapter à ses objectifs et à ses publics, et enrichir ses stratégies. En particulier, développer sa capacité à parler en « cerveau total® ».

Une « première »

J'ai fait la connaissance, il y a vingt ans, de l'approche Herrmann des préférences cérébrales. Après avoir rempli le questionnaire HBDI (*Herrmann Brain Dominances Instrument*) et découvert mon propre profil (je compris que je ne « ferai » jamais un grand financier...), je me suis formé à cette approche sur plusieurs années. Je m'en sers couramment depuis en conseil, formation, accompagnement individuel et *coaching* d'équipe. Elle s'applique en effet à de multiples domaines : communication, créativité, stratégie, management, animation d'équipe, techniques commerciales, marketing, recrutement, pédagogie et développement personnel. À chaque fois, cet outil se révèle extrêmement précieux, car il accélère, chez les intéressés, les prises de conscience nécessaires à leurs choix d'évolution et il leur donne toutes les bases d'un plan d'action « éclairé ».

Cependant, cet instrument, très complet dans les développements et formations de l'Institut Herrmann[1], n'avait pas jusqu'ici été décliné de façon poussée sur le thème particulier de la « prise de parole en public ». En m'appuyant sur ma pratique de l'approche « cerveau total® » et celles de comédien, puis de consultant, formateur et coach, j'ai pu développer ce thème dans ses principales composantes : le *message*, mais aussi l'*image*, le *non verbal* et le *style oral*. Validé par l'Institut et les consultants agréés Herrmann, voici le fruit tout neuf de cette recherche. Ce chapitre est l'occasion de vous le présenter – à vous, lecteur, et surtout à vous orateur ! – afin qu'il prolonge les apports des chapitres précédents et vous aide plus efficacement encore à « quadrupler » votre impact en public.

Trop d'orateurs n'utilisent qu'une moitié de leur cerveau

Voici deux exemples opposés d'orateur dont les préférences, en situation de prise de parole en public, manifestent une certaine « hémiplégie » cérébrale (momentanée ?). Dans chacun des cas types décrits, deux quadrants exercent une réelle « dominance » sur le reste des capacités cérébrales qui, à ce moment, se limitent à un rôle secondaire.

Que constatons-nous souvent en effet ? Deux écueils majeurs.

- D'abord, l'orateur qui adopte une posture de parfait *logicien* et parle sur le seul mode « gauche » : « *J'ai raison parce que je le sais + j'énumère les procédures en détail.* » Son expression devient aussitôt terne et ennuyeuse et il sera perçu comme cérébral, magistral et… assommant (attitude raide, gestuelle empesée, débit monotone, visage compassé, regard absent, vocabulaire neutre) : impossible ainsi de faire *adhérer* en totalité un public non expert. Il a en quelque sorte « fermé » son hémisphère droit, qui est pourtant prioritaire au moment de l'oral.
- L'inverse est également observable, avec ces *parleurs* en mode droit dont le discours est confus, le plan peu lisible et la forme brouillonne (gestuelle désordonnée, débit précipité, respiration oppressée…). Comment s'y retrouver dans tout ce fatras et accepter d'accorder sa confiance ?

Si un seul des quadrants reste muet, le public – nécessairement divers, donc quatre quadrants – ne pourra adhérer dans sa totalité. « Quadru-

1. e-mail : herrmann@herrmann-france.com, 102 bd Franklin Roosevelt, 92 566 Rueil Malmaison Cedex, Tél. +33 (0)1 47 51 31 15.

pler » votre impact consistera à concilier ces quatre quadrants pour mettre un peu plus d'humain et d'élan dans le premier cas, de clarté et de méthode dans le second. Voilà qui vous permettra de conjuguer la totalité des quadrants dans le cercle vertueux de l'oral, et de parvenir ainsi à convaincre et persuader plus complètement.

L'oral se joue en deux temps et quatre quadrants

Contrairement à ces exemples d'orateurs « monomode cérébral », la prise de parole nécessite de faire jouer tour à tour les deux hémisphères, en sollicitant au total les quatre quadrants. Voici comment :

1. Premier temps : préparation du contenu.

C'est plutôt le cerveau gauche qui est en dominante, dans ses deux composantes, pour préparer le contenu de votre présentation :

- *cortex* gauche : analyse, déduction, structure,
- *limbique* gauche : faire un plan et détailler.

2. Deuxième temps : parler en public.

Mais c'est plutôt votre cerveau droit qui, avec ses deux composantes, reprendra l'ascendant lorsqu'il s'agira de parler en public avec un minimum de charisme :

- *limbique* droit : créer la relation, émouvoir et séduire, mettre de l'enthousiasme,
- *cortex* droit : synthétiser, faire rêver, innover en révélant un concept.

Un test rapide pour avoir une idée de vos préférences cérébrales

Vous vous situerez mieux ainsi pour saisir les explications qui vont suivre.

Répartissez **instinctivement** un capital de 100 points entre ces quatre mots-clés :

Raison ... points	**Imagination** ... points
... points **Organisation**	... points **Relation**

Puis totalisez les points des deux mots-clés de gauche et des deux mots de droite.

Vous pouvez alors décoder (de façon simpliste) votre style préférentiel « gauche/droit » à partir de vos quatre scores. Voici deux exemples possibles :

– Cas 1 : Raison 40 points + Organisation 30 points = 70 points.
Relation 20 points + Imagination 10 points = 30 points.

Votre préférence est plutôt :
70 % cerveau **gauche** et 30 % cerveau droit.

– Cas 2 : Raison 25 points + Organisation 15 points = 40 points.
Relation 40 points + Imagination 20 points = 60 points.

Votre préférence est plutôt :
40 % cerveau gauche et 60 % cerveau **droit**.

Dans chaque cas, vous repérez ainsi de façon indicative là où vous avez grand intérêt à compléter votre approche pour renforcer votre communication :

– Cas 1 : créer une vraie relation, mettre de la conviction (corps et voix), motiver le public autour du concept et utiliser des images et des exemples ;
– Cas 2 : structurer votre message, rendre le plan plus lisible, étayer l'argumentation et exprimer les idées de façon posée, claire et concrète.

Les pages et schémas qui suivent vont vous y aider de façon plus précise, ainsi que les fiches-conseils des chapitres concernés : *cf.* « Table des 45 fiches-conseils » en pages 219-220. (Le profil cérébral détaillé[1], individuel ou d'équipe, est directement établi par l'Institut Herrmann.)

Découvrez le modèle du « cerveau total® »

D'emblée, précisons trois points concernant sa présentation :

– **La dénomination des quadrants** : pour atténuer la relation entre la physiologie du cerveau véritable et son modèle métapho-

1. « Profil cérébral » : véritable cartographie des modes de traitement (habituels + sous stress), réalisée à partir d'un questionnaire de 120 items et validée depuis par plus de deux millions de profils réalisés à travers le monde (www.herrmann-europe.com).

rique (et aussi pour simplifier la lecture de celui-ci), Ned Herrmann a remplacé les termes scientifiques d'origine par des lettres :

A	= cortex gauche
B	= limbique gauche
C	= limbique droit
D	= cortex droit.

Dans les schémas qui suivent, nous renforcerons ce code littéral (*A*, *B*, *C*, *D*) par des mots-clés associés, qui évoquent la signification première de chaque quadrant :
A = « Raison » ;
B = « Organisation » ;
C = « Relation » ;
D = « Imagination ».

– **L'ordre de ces quadrants** (sens inverse des aiguilles d'une montre) **est neutre** : il correspond au *continuum* des quatre structures cérébrales, classées de gauche à droite.
– **La présentation des quadrants en noir et blanc** : elle correspond aux contraintes d'édition d'un livre. (D'habitude, les quadrants Herrmann sont identifiés par quatre couleurs :*A* bleu, *B* vert, *C* rouge, *D* jaune). Je fais confiance à votre coup d'œil pour vite différencier chaque quadrant.

Voici la matrice Herrmann. Les quatre cercles concentriques marquent la limite entre les quatre scores d'*évitement*, d'utilisation *moyenne*, *forte* ou *très forte* (préférences), mesurés dans les quatre quadrants.

Les deux profils indiqués dans ce schéma – l'un en pointillés, l'autre en gras – correspondent à deux profils proches mais qui diffèrent sensiblement sur l'axe *A*/*C* = raison/relation : il s'agit des *moyennes* observées pour les questionnaires masculins, un peu plus rationnels, et féminins, un peu plus relationnels. (Les scores constatés entre imagination et organisation sont, eux, identiques.)

C'est l'éducation, et non la génétique, qui explique cette dissemblance sur deux quadrants. Ned Herrmann estime que l'inné intervient pour 30 % et l'acquis pour 70 % : si l'inné (l'architecte qui a conçu les plans) est important, l'acquis (le propriétaire qui agence et adapte la maison

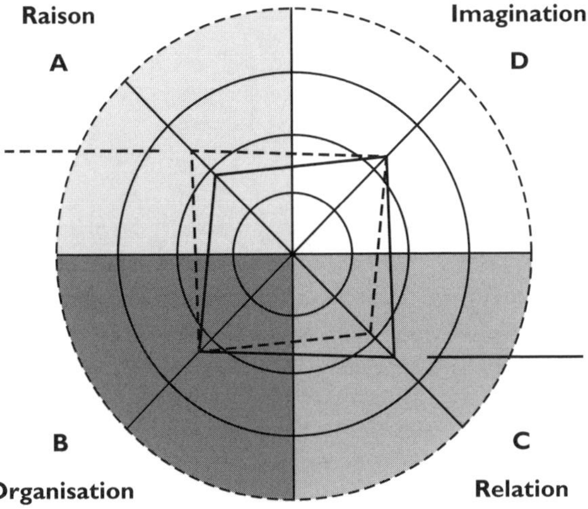

Modèle Herrmann des préférences cérébrales

du cerveau à sa personnalité), joue un rôle prépondérant : ce qui se confirme par nos étonnantes capacités d'apprentissage et d'évolution.

Le profil des attentes de tout public

Ces deux profils moyens sont des exemples possibles de profil d'orateur, chacun d'entre nous ayant un profil aussi unique que le sont nos empreintes digitales. Mais, au-delà de l'orateur lui-même, il est nécessaire de prendre en compte le profil moyen de son auditoire, que ce soit en réunion ou en public (de 10 à… 1 000 personnes).

Composé d'individus aux préférences cérébrales – donc aux attentes – très diverses, le profil moyen d'un public est, *au total*, nécessairement quatre quadrants ! Il ne peut donc se contenter des apports de deux seuls quadrants (*cf.* l'exemple de nos orateurs « hémiplégiques »). Multiple, il a au total quatre attentes très fortes et attend de votre part **quatre apports** conjoints : il lui faut, pour adhérer, être tour à tour *convaincu* + *rassuré* + *touché* + *étonné* (ordre neutre *ABCD*).

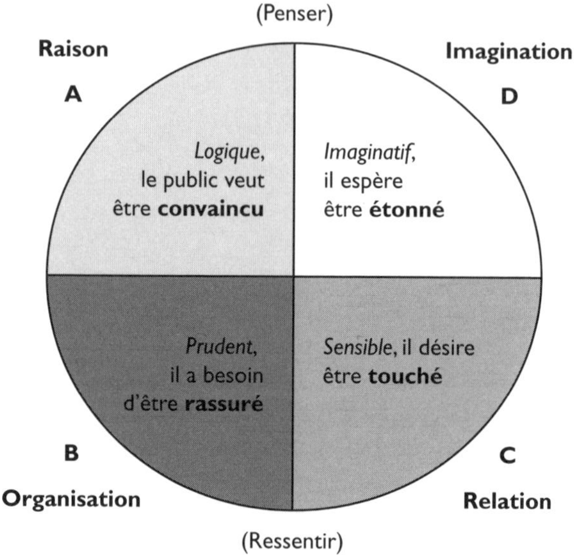

Les quatre attentes de tout public

Vous intégrez sans doute déjà au moins deux de ces quadrants (quels qu'ils soient) dans vos pratiques d'orateur. Repérez le ou les quadrants que vous activez le moins jusqu'ici à l'oral, car ce sont eux qui vous privent d'une partie de votre impact. Votre intérêt : les réhabiliter, les développer.

Vous avez une image, donnez-lui la « puissance 4 »

Lorsque vous vous adressez à un public, celui-ci a déjà une image préétablie de vous s'il vous connaît, ou bien il va s'en faire une très rapidement : dans les deux cas, autant que cette image vous ressemble !

Mais une activité naturelle comme le simple fait de parler devient mentalement délicate lorsque vous devez « affronter » le regard du public. Si celui-ci est nombreux, le danger fantasmé augmente en proportion. Le « modèle » ambiant (financier ou commercial par exemple), la solennité éventuelle du lieu, la pression de l'enjeu, la qualité du public, tout cela risque de vous flanquer le trac... D'autant qu'il suffit de se sentir regardé (« mis à nu », dit-on souvent), pour se sentir obligé de jouer un personnage. Qui n'est jamais que le masque derrière lequel on se protège. Et plus vous *jouerez un rôle*, plus vous aurez le trac.

Bien sûr, il s'agit-là d'injonctions mentales inconscientes (« je me sens obligé de bien faire », c'est-à-dire d'*être parfait/d'être fort/de faire effort/*

de faire plaisir/ou *de me dépêcher*). C'est ainsi : sur scène, face au jugement supposé du public, la plupart des orateurs se sentent obligés de jouer un rôle qui n'est pas le leur, et qu'ils jouent donc assez mal…

Visualisons grâce à la matrice Herrmann quelques grands classiques de mauvais « rôles », **à fuir absolument.**

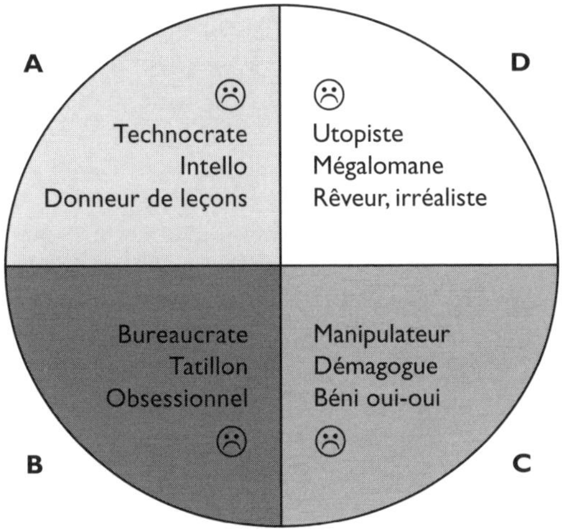

Les « mauvais rôles » à proscrire

Principe de la « double lecture »

La lecture critique présentée dans ce schéma doit cependant être relativisée au nom du principe de la double lecture[1]. Car les « défauts » qui y sont pointés, ne sont lus comme défauts que par les profils différents, alors qu'ils semblent des caractéristiques normales pour ceux qui ont le même profil. Chaque quadrant peut donc être lu de deux façons opposées. Ainsi le quadrant *A* apparaîtra comme :

- un point **négatif** important si le profil de l'autre est différent : *froid, mécanique, sans cœur, a réponse à tout, arriviste…* ;
- un point perçu en **positif** si l'autre a un profil *A* dominant (il s'y reconnaîtra et sera compréhensif) : *précis, logique, réaliste, résout les problèmes, ambitieux…*

1. D'après Jean-Jacques Machuret, consultant et enseignant spécialisé dans l'approche pédagogique Herrmann.

Cela étant, même si l'auditoire est hostile au départ, son regard est encore gratifiant… car il traduit une attente. Ne passez pas à côté de son attente !

Votre image positive

Mettez toutes les chances de votre côté pour être « lu » positivement par **tout** votre auditoire. Quadrant par quadrant (surtout pour celui qui vous semble plus en retrait dans votre cas), renforcez votre image positive. Le public pourra ainsi vous percevoir tour à tour comme :

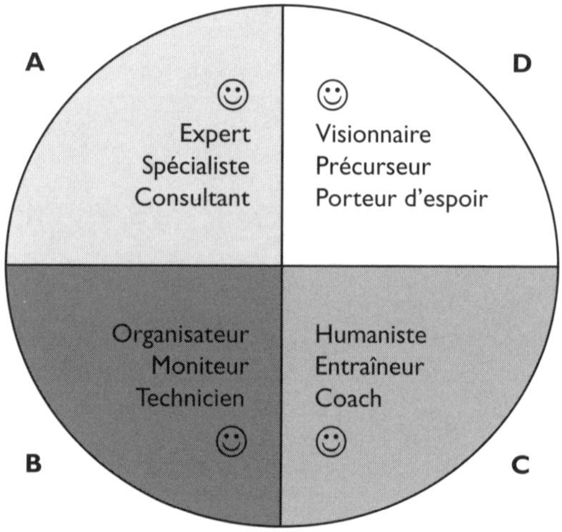

L'image positive en « quatre quadrants »

Est-ce là votre portrait tout craché d'orateur, et comme manager, collègue, collaborateur ou être-humain tout court ? S'il vous manque une dimension, intégrez-la et accédez ainsi à une image de *plénitude* (tel un Jean-Sébastien Bach, symbole du cerveau quatre quadrants idéal !).

Votre message à la puissance 4

Heureusement, votre image ne procède pas que de l'apparence et de l'interprétation du public : elle se nourrit aussi de la richesse du *message* et de la force des quatre contenus de votre présentation. Voici l'apport de chaque quadrant pour bâtir, au final, un message réellement « cerveau total® ».

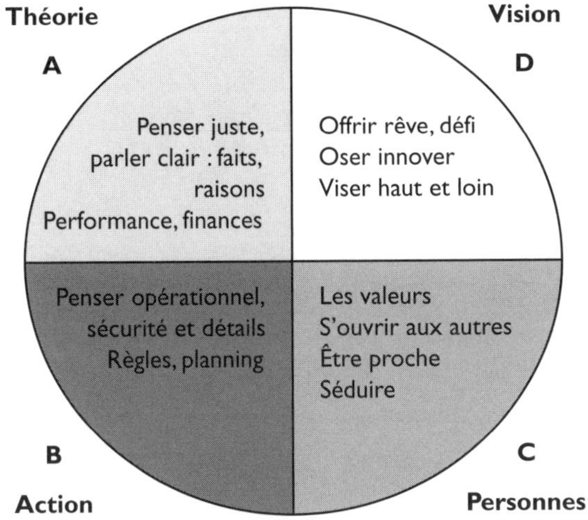

Le message « total »

Le langage du corps et de la voix se décline aussi en quatre quadrants

Votre message étant à présent enrichi dans ses quatre dimensions, révisons ensemble les façons de donner corps à votre expression sensible : corps + voix. Et vérifions comment chaque quadrant du cerveau total® peut à nouveau libérer et faire varier les facettes de votre talent d'orateur.

Commencez par le corps, en vous rappelant deux principes décrits dans les fiches-conseils 22 et 32.

1. *Pour réduire la tension* : accordez-vous le droit à l'erreur, lâchez prise, respirez et faites silence.
2. *Pour être authentique et expressif :* acceptez de vivre vos émotions et « troquez » l'émotivité pour votre ressenti, sobre et sincère.

Ces conditions remplies, laisser votre corps parler lui aussi dans les quatre quadrants, et constatez qu'il a ce talent naturel d'exprimer spontanément toutes les nuances de l'intention et de l'humeur.

Entraînez-vous prioritairement sur le quadrant dans lequel vous vous sentez le moins performant, il n'attend que ça. Bonne nouvelle : les gains seront vite manifestes, et tellement gratifiants.

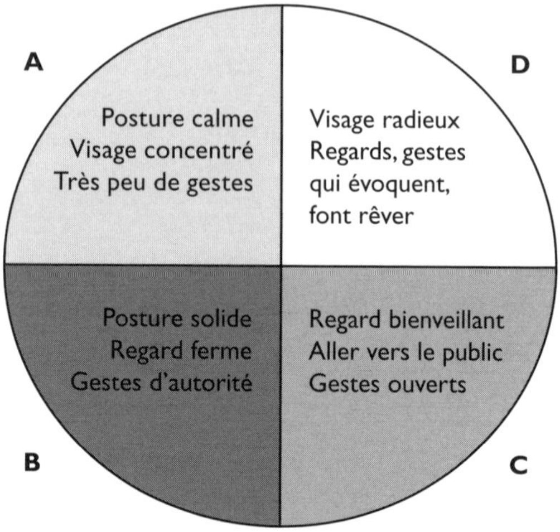

Le corps « total »

Puis faites vivre votre voix, ce qui est rarement le cas car les gens, en réalité, ne connaissent guère leur voix et n'en jouent pas assez (d'où la monotonie qui risque de nous gagner peu à peu).

Si vous avez bien lâché prise et bien respiré, votre voix sera prête, comme le corps, à gagner en force expressive et à communiquer finement vos intentions et vos humeurs dans toutes leurs nuances. Vérifiez

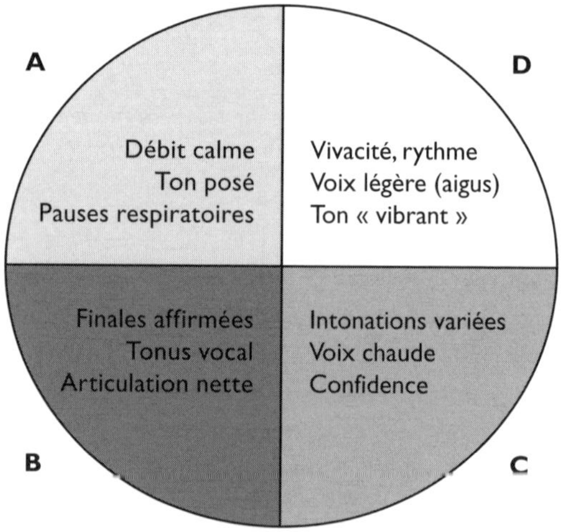

La voix « totale »

les points clés rappelés dans le schéma qui précède, et surtout ceux qui correspondent à votre quadrant « manquant ».

Rappelez-vous que la voix est un véritable « orchestre », car il est composé de six instruments rois :

- *Respiration* (par le ventre) et *volume* soutenu (voix projetée) ;
- *Débit* calme + rythmé et *intonations* variées ;
- *Articulation* nette et *finales* ponctuées.

Faites-les sonner chacun et résonner en cadence.

Quadruplez votre style oral et votre vocabulaire

Enrichir son style et lui donner plus de clarté, plus de force, cela passe aussi par l'approche « cerveau total® », qui va donner de la couleur à vos idées et de la chair à vos mots.

Rappel de quelques principes de base (*cf.* fiches-conseils 36 et 37) :

- *L'oral n'est pas l'écrit.* L'oral est une langue en soi, dont la syntaxe est plus simple que celle de l'écrit : parler en propositions indépendantes.
- *La mémoire de l'écoute n'excède pas une quinzaine de mots.* Les idées doivent donc se dire une à une, en phrases courtes : l'oral est l'école de la concision.

Voyons l'impact de chaque quadrant sur la **phrase** elle-même :

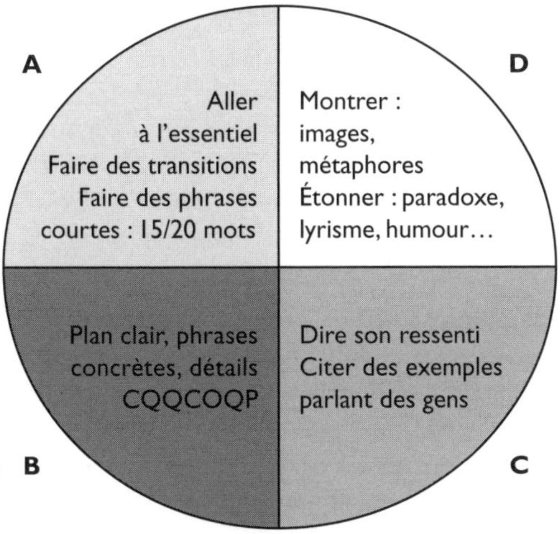

CQQCOQP : préciser Combien, Qui, Quoi, Comment, Où, Quand et Pourquoi.

La phrase « totale »

Puis l'impact du cerveau total® sur le **vocabulaire** :

> *Le vocabulaire gagne en présence et en élégance.* Moins de mots, mais des mots précis et quelques formules imagées : « le style, c'est l'homme ». Et des silences.

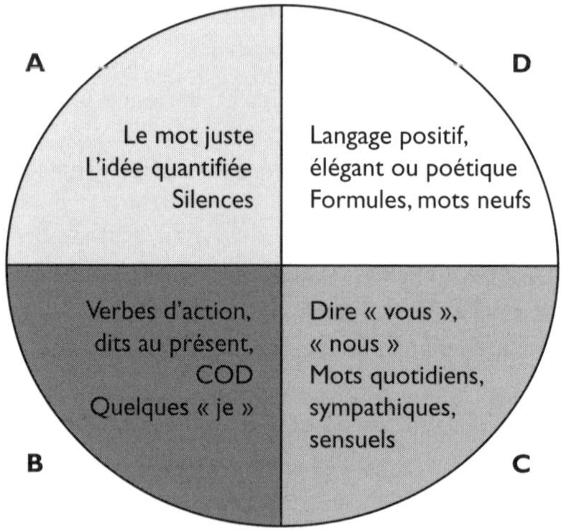

Le vocabulaire « total »

Le chemin « cerveau total® » d'une présentation persuasive

Une dernière question, essentielle, porte sur la chronologie à adopter entre ces quatre quadrants dans la parole en public (ainsi que dans toute communication, en entretien comme à l'écrit) : « Je veux bien voyager dans les quatre quadrants, mais dans quel ordre ? Et par lequel commencer ? »

Il ne suffit pas d'avoir raison, il faut communiquer et pour cela, faire jouer les quatre quadrants dans le bon ordre… C'est-à-dire suivre la logique de cheminement du groupe, son *chemin critique*, qui est en quelque sorte son « Sésame, ouvre-toi ». Pour déterminer ce chemin et s'y adapter, il y a trois cas de figure, qui dépendent du contexte et de votre degré de connaissance du public.

Public inconnu

Vous ne connaissez pas du tout, ou très peu, le groupe ou le public auquel vous allez vous adresser. S'il s'agit d'un auditoire plutôt hétérogène, ou très nombreux, il sera nécessairement composé de « profils » très différents. Dans ce cas, rappelez-vous que, le plus souvent, un public *ressent* – le cerveau limbique est prioritaire – avant de se mettre à *penser*.

Dans votre introduction, adressez-vous d'abord au « cerveau droit » de l'auditoire :

1. **Créer la relation.** Vous avez intérêt à partir du public, avec sa sensibilité, ses attentes et ses centres d'intérêt. Pour cela, commencez par le *quadrant C* « Relation ». Il est en effet primordial de créer d'abord une relation avec ce public nouveau et de l'impliquer, avant de pouvoir lui communiquer votre message, le démontrer et y faire adhérer les participants.

Quadrant C

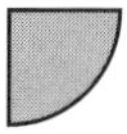

Relation

Après les premiers mots de bienvenue et de présentation, le « starter », ou accroche, qui implique le public et le touche de près (fiche-conseil 7).

2. **Susciter l'intérêt et sécuriser.** Vous devez à présent intéresser votre public, l'*étonner*, en lui donnant d'emblée le **concept**, l'idée-force de votre présentation. Continuez donc dans le mode « droit » en embrayant directement sur le *quadrant D* « Imagination », puis prenez la précaution de rassurer le mode gauche, toujours vigilant, par le *quadrant B* "Organisation" : indiquez votre **plan**.

Quadrant D *Quadrant B*

Imagination **Organisation**

Entrez dans le vif du sujet et fixez le cap : dévoilez l'idée-force, le concept (ou le bénéfice majeur escompté), puis indiquez votre plan (fiches-conseils 7 et 8).

3. **Démontrer, puis enrichir par le factuel et l'émotionnel.** L'introduction étant faite et le message évoqué, il faut maintenant faire vos preuves et démontrer la pertinence de vos idées. C'est le stade de la réflexion logique et des arguments rationnels : passez au *quadrant A* « Raison ».

Faites appel à la réflexion du public : exposez et expliquez vos arguments rationnels (fiches-conseils 4 et 8).

Mais rappelez-vous qu'une argumentation convaincante et persuasive suppose aussi de faire appel aux registres de l'émotion et de l'action (« Triangle grec », fiche-conseils 4) : complétez et faites vivre votre explication rationnelle par des arguments ou des exemples *factuels* et *émotionnels*.

Arguments + exemples factuels Arguments + exemples émotionnels (fiche-conseil 4).

N.B. : L'ordre de ces deux quadrants dépend du thème et du profil du groupe : adaptez l'ordre, ou variez-le.t

4. **Conclure et inciter à l'action.** Voici venu le temps ultime de la conclusion, où vous devez à la fois résumer l'exposé, susciter l'adhésion et engager le public à agir (l'objectif le plus ambitieux) :

   - Synthétiser les arguments exposés, en récapitulant les **avantages** correspondants.

Résumez les arguments sous forme d'avantages pour les participants (fiches-conseils 5 et 9).

- Préciser les **méthodes** et **moyens** pour réussir, et terminer en faisant **visualiser** le succès atteint.

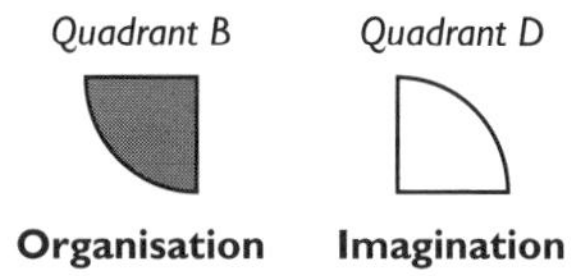

Placé ici en *D*, le « podium » est également centré sur la réussite personnelle : il est donc à la fois *D* (vision) + *C* (succès personnel)

Méthodes et moyens opérationnels « Podium » : image de fin = succès atteint (fiche-conseil 10).

Résumons ce « chemin pédagogique », qui face à un public nouveau ou nombreux conviendra dans la majorité des cas :

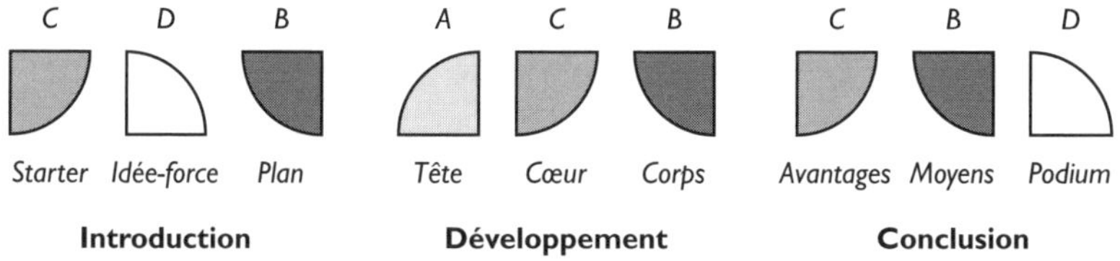

Contexte particulier

Le public est défiant (ex. : changement, nouvelle organisation…). Ce serait peu crédible dans ce cas de débuter par des paroles sympas ou de belles idées (cerveau droit). Parlez vrai (cerveau gauche d'abord) : soyez concret, *prouvez* et rassurez, *expliquez* sobrement. Puis précisez le *concept*, l'*intérêt* pour chacun. Concluez : les *moyens* d'action, un *podium réaliste* (face au scepticisme, plus d'un politique devrait suivre cette démarche plutôt qu'intellectualiser)…

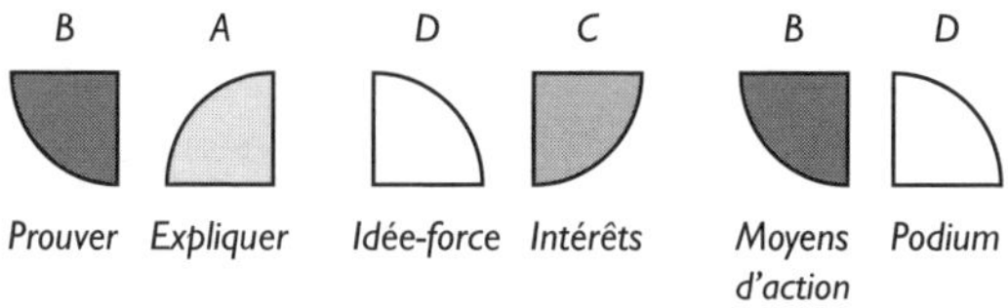

Public connu et homogène

Votre chemin devra absolument respecter le sien. Vous partirez d'abord du rationnel pour un public *A*, ou de l'opérationnel pour un public *B*.

La suite du chemin dépendra de votre bonne connaissance du groupe, de ses modes de pensée et de réaction émotionnelle. Dans le doute : poursuivez et concluez à chaque fois par *C* et *D*.

L'idéal étant, bien sûr, de connaître le profil Herrmann du groupe (*profil d'équipe*) et, pour un entretien, celui de votre interlocuteur (*profil individuel*). Ainsi, vous communiquerez en phase parfaite avec ces cerveaux, qui vous recevront 4 sur 4 et vous approuveront à « cerveau total® ».

Dans tous les cas de figure, pensez, dès votre préparation, à vous adapter au plus près de la nature particulière de chaque groupe. Et rappelez-vous que communiquer, c'est toujours **partir de l'autre**.

Les points clés d'une présentation à « cerveau total® »[1]

Authenticité (*C*), **maîtrise de l'émotivité** (*A*) :

- Développer une image de plénitude : être soi-même, ne pas jouer un rôle d'emprunt ;
- Décontracter ses tensions : respirer et lâcher prise = communiquer avec calme, aisance.

Message adapté (*C*), **clair** (*A*), **imagé** : le talent du conteur (*D*), et **opérationnel** (*B*) :

- Bâtir un plan lisible, respecter le « chemin pédagogique » de chaque public ;
- Concevoir un message clair, intéressant et incitatif + l'exprimer en style oral et imagé ;
- Susciter l'intérêt, exposer + illustrer dans les quatre quadrants, conclure sur les bénéfices et moyens.

Non verbal (*C* et *B*) « **libéré** (*C*) et **maîtrisé** (*A*) », c'est-à-dire **éloquent** (*D*) :

- Se sentir libre, à l'aise dans son corps : *posture/gestes/visage/regard/respiration*,
- Et expressif dans sa voix : *volume/débit/intonations/articulation/silences/ponctuations*.

---

1. À la lumière des quatre quadrants Herrmann *A*, *B*, *C*, D.

Supports (*B*) **synthétiques** (*A*), **schémas attractifs** (*D*) et **exemples** (*C*) :

- Méthode « des journalistes » : préparer un « conducteur » (fiches, avec juste quelques mots-clés),
- Faire *vivre* ses supports : être clair et concis, prendre plaisir, donner des exemples et montrer sa conviction.

« Pour faire de grandes choses, il ne faut pas être un si grand génie ; il ne faut pas être au-dessus des hommes, il faut être avec eux. »
Léonard De Vinci

Épilogue

Lecteur, notre escapade au « pays-où-l'on-tient-parole-en-public » touche à son terme, comme la vague déposant à vos pieds son dernier murmure…

Écoutez ce beau conseil, il nous vient d'un auteur inconnu, extrait d'une lettre trouvée en 1692 dans une vieille église de Baltimore.

Allez tranquillement parmi le vacarme et la hâte et souvenez-vous de la paix qui peut exister dans le silence. Dites doucement et clairement votre vérité. Et écoutez les autres, même le simple d'esprit et l'ignorant : ils ont eux aussi leur histoire…

Évitez les individus bruyants et agressifs ; ils sont une vexation pour l'esprit. Ne vous comparez à personne. Il y a toujours plus grand et plus petit que vous.

Soyez vous-même…

Tout finit ainsi. Ou plutôt tout commence. Car demain, tranquillement, vous trouverez les mots justes et votre public en sera touché. Puis il y aura comme un beau silence. Celui du partage et de l'adhésion.

Remerciements

Coup de chapeau

Tout d'abord un grand coup de chapeau aux poètes, penseurs, écrivains, savants ou artistes auxquels j'ai emprunté les citations de ce livre : Aristote, Bach, Baudelaire, Boileau, Brassens, Buffon, Camus, Chagall, Char, Coluche, Comte-Sponville, Confucius, Descartes, Durckheim, Einstein, Emerson, Freud, Gatti, Girard, Giroud, Guitry, Gurdjieff, Hergé, Herrmann, Ionesco, Israël, Joubert, Jouvet, Jung, Kipling, Laborit, Lacan, La Bruyère, La Fontaine, Léonard de Vinci, Mc Lean, Mehrabian, Miller, Montaigne, Musset, Nietzsche, Picabia, Platon, Prévert, Renard, Romains, Salomé, Sartres, Sénèque, Serres, Stendhal, Twain, Vinci, Voltaire, Watzlawick et Woody Allen. Enfin, deux sages chinois et un américain (sage) anonymes.

Chacun d'eux nous a beaucoup donné en nous donnant à penser, comprendre ou ressentir.

Remerciements

Plus près de nous, je tiens à remercier le préfacier de ce livre, Per Kaufmann, patron humaniste, ainsi que les experts ou managers dont la connaissance personnelle de leaders réputés et les avis m'ont permis d'illustrer le chapitre sur l'éloquence des meilleurs.

Donc, un grand merci à :

Claude Aburbé
Serge Airaudi
Richard Béraha
Yves Blanchard
Claude Deroudilhe
Jean-Marie Descarpentries
Francis Kaufmann
Manuel Netsch
Claude Michaud
Eric Répérant
Sophie de Sarnez
Jacques Séguéla

Ma reconnaissance va à Alain Duclos, confrère et ami, dont les conseils de spécialiste et la supervision m'ont tant aidé à affiner et enrichir cette édition. Il a un coup d'œil rare : celui du « cerveau total® ».

Ainsi qu'à Lionel Vuillemin, patron de l'Institut Herrmann, qui m'a formé à l'approche des préférences cérébrales et, depuis, soutenu et guidé dans mes recherches sur le développement de ce modèle à l'*oral*.

Coup de cœur

Comme après tout, le vrai héros de ce livre, page après page, n'est autre que le *public*, mon coup de cœur va aussi à quelques-uns des metteurs en scène ou comédiens avec qui j'ai eu le bonheur de travailler en quinze ans de théâtre, télévision et radio. Je devrais dire *jouer.*

Certains ont été mes professeurs ou bien m'ont dirigé. D'autres je les ai moi-même mis en scène ou formés ; d'autres encore ont été mes camarades de scène ou de studio. Une exigence commune : l'amour et le respect du public. Leur empreinte résonne toujours en moi, comme les vingt-quatre heures de la vie qui va, entre rigueur et passion.

Isabelle Adjani
Michel Aumont
Jean-Louis Barrault
Laurent Bourquin
Jacques Charon
Patrick Chesnais
Jean Chevrin
Michel Duchaussoy
Anny Duperey
André Dussolier
Pierre Dux
Robert Hirsch
Francis Huster
Danièle Lebrun
Ludmila Mikaël
Jean-Pierre Miquel
François Périer
Jean Piat
Pascale Rocard
Louis Seigner
Delphine Seyrig
René Simon
Antoine Vitez
Jacques Weber

Enfin, que les trois actes de ce livre s'achèvent avec mon salut personnel à *votre public*. Demain, quand vous lui parlerez : respectez-le et aimez-le. Croyez-moi, il vous le rendra bien.

Bibliographie

ANDRÉ Christophe et LÉGERON Patrick, *La peur des autres*, Odile Jacob, 1995

ANDRÉ Christophe et LELORD François, *L'estime de soi*, Odile Jacob, 1999

BECQ Jean Marie, *Les chemins de la réussite : exercices et cassettes audio*, Captonic, 1998

BELLENGER Lionel, *La force de persuasion*, ESF, 1997

BLANC Yves, *Le manager à l'écoute*, Dunod, 2002

BOIRON Christian, *La source du bonheur est dans notre cerveau*, Albin Michel, 1999

BOURION Christian, *La logique émotionnelle*, Eska, 1999

CHALVIN Dominique, *L'affirmation de soi*, ESF, 2000

CHALVIN Dominique, *Utiliser tout son cerveau*, ESF, 1995

CHALVIN Marie-Joseph, *Qui sont vraiment nos politiques ?*, Édition d'Organisation, 2006

CHANGEUX Jean-Pierre, *L'homme neuronal*, Hachette, 1998

COVEY Stephen R., *Les7 habitudes de ceux qui…*, First Éditions, 2006

COUCHAERE Marie-Josée, *Éduquer la mémoire*, ESF, 1992

DAMASIO Antonio R., *L'erreur de Descartes. La raison des passions*, Odile Jacob, 2006 ; *Le sentiment même de soi*, Odile Jacob, 1999

DRUCKER Peter (Fondation), *Le leader de demain*, Village Mondial, 1997

DUHAMEL Alain, *Derrière le miroir : les hommes politiques à la télévision*, Plon, 2000

DÜRCKHEIM Karlfried, *Hara, centre vital de l'homme*, Le Courrier du Livre, 1991

EINSTEIN Albert, *Autoportrait*, InterEditions, 1980

ESTABLET Julienne et VICTOR Jean-Louis, *Comment acquérir du charisme*, De Vecchi, 1999

FOTTORINO Éric, *Voyage au centre du cerveau*, Stock, 1998

GANASCIA Jean-Gabriel, *Les sciences cognitives*, Flammarion, 1996

GIFFARD Michel, *Développez votre intuition et celle de votre équipe*, ESF, 1992

GOLEMAN Daniel, *L'intelligence émotionnelle, tomes 1 et 2*, Robert Laffont, 1997, 1999

GRELLIER Christian, *Le management du bon sens*, 2e éd., Dunod, 2003

HARVARD BUSINESS REVIEW Préface DESCARPENTRIES Jean-Marie, *Styles de leaders*, Editions d'Organisation, 2002

HERRMANN Ned, *Les dominances cérébrales et la créativité*, Retz, 1992

ISRAËL Lucien Pr., *Cerveau droit, cerveau gauche*, Plon, 1995

KOURILSKY Françoise, *Du désir au plaisir de changer*, Dunod, 2000

LABORIT Henri Pr., *La nouvelle grille*, Gallimard, 1999 ; *Éloge de la fuite*, Laffont, 1999

LAÎNÉ C., PORTANÉRY E., ROY E., *Révélez vos talents de leader*, ESF, 2003

LAURE François, *Le guide des techniques d'animation*, Dunod, 2005

LECOQ Jacques, *Le corps poétique*, Actes Sud, 1998

LENHARDT Vincent, *Les responsables porteurs de sens*, Insep, 1995

LE SAGET Meyriem, *Le manager intuitif*, Dunod, 2001 ; 2003 pour la nouvelle présentation

LONGIN Pierre, *Apprenez à mieux vous connaître*, Dunod, 1995

MC LEAN Paul D., *Les trois cerveaux de l'homme*, Robert Laffont, 1990

MOULINIER René, *Mener une réunion efficace*, Editions d'Organisation, 1999

NACCACHE Lionel, *Le nouveau cerveau inconscient*, Odile Jacob, 2006

NIZARD Georges, *Convaincre*, Dunod, 1994

ROBERT Jacques-Michel, *Le cerveau*, Flammarion, 1997

ROSE Steven, *La mémoire*, Seuil, 1994

SAINT-PAUL Josiane de, *Estime de soi, confiance en soi*, InterEditions, 1999

SALOFF-COSTE Michel, *Le management du troisième millénaire*, Guy Trédaniel, 1999

SAUCET Michel, *La Sémantique générale aujourd'hui*, Le Courrier du Livre, 1996

SÉGUÉLA Jacques, *Le vertige des urnes*, Flammarion, 2000

SPERRY Roger, *Brain circuits and functions of the mind*, Cambridge University Press, N.Y., 1990

VALADE Alain D., *Le théâtre de l'âme, ou l'art de se mettre en scène dans la vie*, InterEditions, 1993

VINCENT Jean-Didier, *Biologie des passions*, Odile Jacob, 2006

WATZLAWICK Paul, *Le langage du changement*, Seuil, 1986

Table des 45 fiches-conseils

Index

Les chiffres en caractères gras renvoient aux résumés, schémas ou fiches-conseils.

T

V

050704 - (II) - (1,8) - OSB 100° - ALL - MLN

Achevé d'imprimer sur les presses de
SNEL Grafics sa
Z.I. des Hauts-Sarts - Zone 3
Rue Fond des Fourches 21 – B-4041 Vottem (Herstal)
Tél +32(0)4 344 65 60 - Fax +32(0)4 286 99 61
janvier 2008 – 43657

Dépôt légal de la 1re édition : septembre 1998
Dépôt légal : juin 2007; suite du tirage : janvier 2008

Imprimé en Belgique